親子館
A5020

# 親子雙贏高EQ 我家的管教好舒服

## 11種典型棘手孩子的成長引導

笛飛兒／著

遠流出版公司

# 目錄


推薦序 洪蘭……4
聯合推薦……8
家長分享 姜秝潔……10
自序……13
前言／如何閱讀這本書……17

Part 1
## 挫折容忍……24

1 立刻放棄型——當機立斷，即刻撤退……34
2 預知逃跑型——預知困難，走為上策……48
3 靈巧偽裝型——瞞天過海，以智取敵……64
4 不動如山型——老僧入定，風吹不動……80

5 玉石俱焚型——寧為玉碎，不為瓦全……94
6 情緒崩潰型——風吹草動，聲嘶力竭……110

Part 2
情緒管理……128
1 火山爆發型——怒髮衝冠，天崩地裂……134
2 導航飛彈型——提案不從，導彈部署……152
3 借題發揮型——借力使力，藏木於林……166
4 柿子挑軟型——偷天換日，李代桃僵……184
5 碎念抱怨型——魔音繚繞，不絕於耳……204
附錄／寶貝問題表……219

推薦序

# 情緒教育要趁早，以身作則最重要

洪蘭（中央大學認知神經科學研究所所長）

一九八四年，我應國科會之聘回台大教一年的書，那時國外認知心理學已經取代原有的實驗心理學，快速發展十幾年了，但是台灣還在走原來的老路子，沒有什麼人知道「認知」是什麼，因此我在心理系開了一門「認知神經心理學」的課。當時來修課的學生很多，他們現在已是台灣認知心理學的中堅分子了，其中一位學生後來到東吳心理系任教。一九九七年，我從中正大學回到陽明大學教書時，這位已是老師的學生來找我幫忙，告訴我她得了癌症要去手術，請我接替她的課。陽明大學離外雙溪的東吳大學不遠，所以我就把這門課接過來了；又因為我不會開車，所以修這門課的學生就移尊就教，每週一個下午，從外雙溪到陽明大學來上課。

那一屆的東吳學生很優秀，我記得教的很愉快，畢業後，好幾位同學還有跟我保持聯絡，楊鈺瑩就是其中之一。心理系的學生畢業後，很多走臨床去醫院上班，但是楊鈺瑩不同，她和幾位志同道合的同學開設了「笛飛兒EQ教育」的班，從大腦的觀點來解釋兒童的行為，經營得有聲有色，現在已經有分部了。這本書就是她們這些年教孩子管理情緒的經驗，書中舉的例子很實在，又有獨特的EQ教育法，在「孩子皇帝大」的現代，很可以有效幫助父母處理一些孩子情緒上的問題。

有父母不相信的說，孩子那麼小，教什麼EQ？錯了，情緒是越早教越好，任何東西只要不是本能都得教，而情緒的掌控是出社會後成敗最主要的因素，當然得好好教。

教情緒並不難，父母只要掌握住兩個原則：第一，情緒是後天認知的解釋，同樣的生理反應可以得出不同的情緒反應；第二，模仿是最原始的學習，孩子的情緒是模仿父母的。前者已有很多的實驗證據顯示孩子雖小，卻已學會從情境中判斷今天發脾氣對自己是有利還是有害。我們常看到孩子摔跤了，他不是先哭，他先抬頭看一下附近有沒有大人，如果沒有，他就站起來走掉，如果有，他會放聲大哭——

他已經了解哭給空氣聽是白浪費力氣的。

至於模仿，一九九二年科學家在大腦中發現了鏡像神經元（mirror neurons），找到了最原始的學習機制，所以父母不要孩子亂發脾氣，自己就不能大吼大叫、亂摔東西洩憤。孩子發脾氣其實有他的原因，大多數是他的預期跟你的預期不同，他以為做了好事會有糖吃，想不到是一巴掌，這時，只要蹲下來，從他的角度來看事情，好好地問他為什麼這樣做，就可以找出孩子發脾氣的原因。找到原因就簡單了，父母可以讓孩子了解為何他這樣做是不對的，也可以用行為心理學的「塑造」（shaping）方式，慢慢塑出你要的行為來。

行為的改造必須持之以恆，不能今天這樣，明天那樣，讓孩子無所適從，只要大人管教態度一致，且在孩子很小的時候就把行為的準則說明清楚，全家都照著規矩做，沒有例外時，孩子很快就學會紀律了。紀律是父母給孩子最好的禮物，一個沒有紀律的孩子走到哪裡別人都不歡迎。

教養孩子是父母的天職，很多人覺得現在孩子太難教，不敢生孩子，其實只要把握住四字真言「以身作則」，就一點都不難：凡是你不要他做的壞習慣，你自己也不要做，凡是你要他有的好習慣，每天做給他看，如此而已。持之以恆，你會教出有品性、懂禮貌的好孩子，你自己也會變得越來越好，所謂「教學相長」，我們從教養孩子中，重新過一次我們的童年，這體驗使我們的人生更圓滿。

中國人說「有子萬事足」，細想起來，它不只是傳宗接代、基因的傳遞，更大部分的滿足應該是心靈上的領悟：它讓我們從孩子身上看到幼而長、長而壯、壯而衰、衰而終的天道輪迴之理，使我們的人生更豁達。

# 聯名推薦

在笛飛兒裡，我看見孩子的EQ愈來愈高，能力愈來愈棒，
也經驗到更好的溝通與親子關係。
我看見孩子愈來愈可以控制自己，為目標努力。
原來，管教真的可以好舒服。

尤曉中（霈邦有限公司）
王勝弘（研華股份有限公司研發工程師）
王薰聆（秉業媽媽）
史鍾平（美世保險經紀人公司協理）
江秉謙（富邦人壽股份有限公司專案經理）
李育儀（燦飛&燦揚媽媽）
李崑旭（遠翔科技專案經理）
周進龍（震旦行股份有限公司經理）
林妙穎（科技公司工程師）
林素慧（雨因國際有限公司業務）

侯薰婷（戎瑍媽媽）

姜秝潔（大潤發流通事業股份有限公司主辦會計）

徐啟超（汐東不動產仲介經紀公司經理）

張翠容（夏安媽媽）

張靜妙（孝儒媽媽）

莊淑芬（莊棋媽媽）

許惠玲（偉銓媽媽）

連正雯（友馨媽媽）

郭錦泓（廣銘建設經理）

陳文祥（電腦公司副理）

陳文儀（自營商）

陳怡華（南山人壽專員）

陳迪森（全球人壽資訊處副理）

陸雪萍（亘澄媽媽）

黃小芬（Brain 媽媽）

黃策靖（Austin 媽媽）

楊鳳珠（翊廷媽媽）

萬雲龍（訊動科技股份有限公司資深總監）

詹智勝（上海翔達塑膠製品公司總經理）

廖沛蓁（五祿米糕自營）

趙雪珍（Elaine & Jenny 媽媽）

劉昱伶（香港商信可台灣分公司內勤人員）

蕭涵穎（宗瀚媽媽）

薛恭一（彩富電子股份有限公司經理）

鍾君雯（飛資得資訊股份有限公司經理）

蘇育柳（明穎媽媽）

家長分享

# 我的寶貝從破壞王變成人氣王

姜秝潔（少鵬媽媽）

我只有一個寶貝，新手沒經驗，雖然看過一些教養的書，聽過親子講座，很用心的帶寶貝，但當寶貝開始進入團體生活，卻成為我惡夢的開端。寶貝在學校和同學、老師對話中會出現「我要打死你」「我要殺死你」「你去死」等字眼，也曾對我的公公、父親及其他長輩說同樣的話，嚇人的語句很難讓聽到的人相信，寶貝只是因為無法表達出當下的感受，隨口反應說出來的話。在學校渴望友誼的他不知道如何和同學玩，一直跟在別人身旁，害得同學因此不敢去上學；遇到問題時會逃離現場；玩遊戲不認輸……寶貝的種種行為造成老師、其他學生家長及長輩們對我的誤解，甚至質疑我的教養，讓我在無數夜晚難過流淚，不知如何是好。

## 11 家長分享

直到接受醫院的早療評估，我才漸漸明白他是個無法表達自己情緒，人際互動有困難的孩子。在醫院的安排下寶貝上過心理、物理、職能課程，還有坊間流行的感統運動，花費了無數的金錢及心力，一直到我在誠品看到了《孩子可以做最棒的自己》這本書，才帶著姑且一試的心情，踏進了笛飛兒ＥＱ遊戲課，四年來從來一開始的擔心、害怕、懷疑到現在的信任、支持與滿滿的感謝。

經過老師們以遊戲帶領孩子了解、辨識、察覺自己與同伴的情緒，針對孩子用適合他的方式、教導與提醒，耐心的引導孩子面對一次又一次挫折，釐清一層一層交錯複雜的情緒，用陪伴、安撫的方式直到孩子的問題及困擾解決；曾經從下午四點半陪伴到晚上十一點，只為了要幫寶貝解除卡住的情緒，適時提供教養小撇步給不知所措的我，解除我自己在教養孩子過程中時常面臨到的問題與不安。過程中孩子的改變，周圍的人都感覺到了，也大大的改善了我們的親子關係，我也越來越懂得怎樣帶領孩子一同解決與面對問題，孩子不知不覺中已學會ＥＱ四大能力，並且能清楚的表達自己，不再像以前只會逃避及生氣。

現在的寶貝儘管籃球技巧不好，但卻會自動要求上場，在球場上努力防守雖然沒得分，球賽結束後仍然可以開心的與我分享團隊榮譽。在學校寶貝推薦自己競選

班長，獲得高票當選，成為班上的人氣王。外出爬山時不再一直往前衝，會適時的停下來，等待膝蓋開過刀的阿姨，牽著阿姨的手問：「妳的腳還會痛嗎？還可以走嗎？」邀請又愛又怕的爸爸一起下棋時，會先問：「爸爸請問你可以陪我下棋嗎？」等爸爸坐下來，再問：「那不可以像上次一樣喔？」（爸爸曾輸棋後翻棋盤生氣離開，寶貝之前也會這樣）來確認爸爸是不是真的想和他下棋，證明了現在的寶貝很清楚的知道自己的實力，並且充滿自信，勇於接受挑戰，懂得關心別人，變成一個有禮貌又討人喜愛的小孩。

我相信多數的父母也會和我一樣有手足無措的時候，所以教養的路上需要不斷的學習、吸取新知、找到方法，建議現在正處於無助困擾的家長，能從笛飛兒出版的書中得到智慧找到方法，讓管教因為有技巧而變得簡單又輕鬆。謝謝笛飛兒，因為妳們的用心、付出、專業讓我的寶貝可以做最棒的自己，期待新書出版！

# 自序

教養是一門藝術，沒有定律，沒有絕對準則，也因此，讓許多爸爸媽媽丈二金剛摸不著頭腦，甚至無所適從。一會左邊的風兒說著「不對就要打」，沒幾秒，右邊的樹又大喊「不能罵，一定要不斷的誇獎」，這麼多不同又複雜的訊息，不斷的乘著媒體、周遭親友而來，而管教的手法一招換過一招，大腦還來不及思辨理解這到底是對或錯，孩子已經又進化到下一個等級了。因此，「管教」對現代父母而言，真的是又難、又困惑、又極度的自我折磨與關係折磨，讓人只想大喊：請還我簡單快樂的親子關係！

是的，有些孩子你該大量誇獎鼓勵，但有些孩子你確實得針對他的懶惰沒動機做適當的要求；其實，即便是同一個孩子，在不同時間點，不同成長點，你又得用不同的態度或方式來教育引導，絕不能一成不變，率由舊章。這增一分太肥、減一分又太瘦的教養藝術，是無法絕對客觀獨立、一體適用的，教養原則雖然不變，但

其間的手法或許必須彷如熟悉各大門派的武功招式，融會貫通，才能與你的對手過招。

## 你，也發現家裡的寶貝是位深藏不露的武功高手了嗎？

當你講道理講到喝三杯水解不了渴，寶貝卻還在一旁「羽扇綸巾，談笑間，強虜灰飛煙滅」的逍遙無事樣；安慰鼓舞他而搞得自己滿頭大汗，好不容易有時間可以坐下來休息，竟然發現孩子還是一副無動於衷的堅決放棄狀；為了孩子的壞脾氣想破了頭解決，講道理、要求、訂契約，甚至威脅、利誘、恐嚇統統都來，沒想到孩子這時聽得頭頭是道，下一秒鐘又對著朋友放聲尖叫、出拳手不軟。是的，當你也遇到這些困境的時候，你絕對非常需要這本帶你深入敵境、突破重圍的書。

笛飛兒從事兒童ＥＱ教育十餘年，與許許多多的武林高手過招，也認識了這些高手父母們那卡在舌尖上，不知如何表達的五味雜陳之後，特地將這些高手的經典絕技整理成冊，透過ＥＱ的四大面向能力：自我管理、情緒管理、關係管理、目標管理的分類整合，將高手們的絕招與能力特色為你做清楚的分類與解析，讓你在真實案例的問題中，清楚了解孩子的問題與狀態，並透過笛飛兒融合理論與實務的專向式針對固定類型高手的教養及引導建議，而讓你更清楚知道孩子是誰，了解孩子怎麼了，明白孩子卡在什麼問題上，需要哪一類型的幫助與引導，以及該用什麼更具體有效的方式跟孩子過招。

基於篇幅的緣故，本書主要著重在一般父母普遍擔心的挫折容忍（目標管理）與情緒管理上，每篇都提出數個爸爸媽媽最常反映的高手狀態與典型。當然，孩子的面向不只一種，很多時候孩子的絕招可是匯集各家之大成，但是，透過這樣問題主題式的切入，可以讓爸爸媽媽更聚焦的了解孩子，不論是行為的方式與原因，或是孩子的思維與感受，也希望透過爸爸媽媽對孩子的理解與了解，能夠用更有效、更不破壞關係的方法，幫助孩子提升ＥＱ，培養開啟世界的能力。

笛飛兒深深相信，當愈來愈多的孩子能夠懂得運用適當的方法來對待自己、接觸別人，理解自己的情緒、思維與狀態，懂得為自己設定適當的目標，以及自我要求、努力不懈時，我們的孩子、社會，以及共通的未來，一定會在更多正向情緒的能量中，不斷的愈來愈好。「想讓孩子做最棒的自己，所以開始ＥＱ教育」，這正是笛飛兒不變的堅持與初衷。

其實，在與許多家長的真實經驗中，我們已經深深發現，**管教可以好舒服，遠遠超乎你的想像**。只要你將必要的能力給孩子：待人處世的能力、情緒管理的能力

等，然後，讓他為自己負責，為自己思辨，為自己主張判斷。

試想，當寶貝能夠管好自己，管好情緒，能夠尊重他人，能夠設定對的目標，能夠努力不懈時，你還有什麼好擔心的？放心、放手的信任與愛，將這樣滿滿的縈繞在我們與孩子之間，此時，只要給予溫柔的傾聽和信任，適時的提供建議，然後尊重他，親子之間更沒有無謂的擔心和壓力，沒有責備、沒有痛苦、沒有破壞性的情緒……

你說，這樣的教養，可不是好舒服!?

前言

# 如何閱讀這本書

本書是獻給與孩子相處，時而幸福感動，但也時而無助的父母。

每個孩子都是擁有璀璨光芒的原礦，磨練的好，孩子能像寶石一樣閃閃發光，但這塊原礦，卻也常讓身邊的人不知該如何是好：捧在手心怕摔壞了，擺放著讓它自然成形擔心壓力不夠無法變成寶石，順應著孩子的天賦，卻也不免為了他們想恣意生長的表現感到憂心。

「我不要！」的孩子，限制了自己的嘗試，無法給自己更多元的表現機會……

「啊～啊～啊～」嘶吼的孩子，綁住自己解決問題的能力，同時將自己孤立在世界之外，與全世界為敵……

「……」不發一語的孩子，放棄對自己能力的信任，任潮水載浮載沉……

「都是別人的錯！」的孩子，綁住自己成長的可能，滯留在自己很棒的安逸假象中，無法提升根本的能力表現……

看著孩子諸多自我設限與束縛自己的表現，讓身邊的教養者忍不住憂心忡忡：到底該怎麼做呢？所以本書聚焦在描述十一種類型孩子的表現，深入淺出帶教養者一起挖掘孩子的天賦，並且一步步學著如何用適度的力道，施加剛剛好的壓力，帶領孩子追尋自己獨一無二的表現，做出最棒的自己。

下列的敘述中，我們將各式不同孩子的表現依類型做區分，每一類孩子都有四種典型的行為表現。請你根據孩子日常生活的表現，勾選你認為貼近孩子的敘述，並謹記依照第一時間的直覺作答（打✓）。

若勾選到某項符合孩子的描述，建議依循箭頭指示（例如：玉石俱焚型），可翻到書中該類型的篇章直接閱讀，我們將以案例解析的方式分析說明此類型孩子行為背後的可能原因，再一起針對不同的原因，用適合孩子的方式協助孩子，擺脫目前受困狀態，展現更棒的自己。

準備好作答了嗎？

## 孩子表現類型問卷

□孩子總是嚷著：「我不會，幫我！」
□儘管像倒水丟垃圾等小事，孩子老是要求幫忙
□孩子很容易說：「好難！我不要做了！」
□要求孩子再試試看，就像被雷劈到一樣難

**↓立刻放棄型（參見34頁）**

□孩子喊著要怎樣要怎樣，但是帶他到現場又不做了
□只要看見沒接觸過的事物／遊戲，孩子立刻就說不參加
□老是光說不練，說的比唱的好聽
□孩子聽到別人說自己的缺點，立刻發脾氣

**↓預知逃跑型（參見48頁）**

□孩子老是強調自己有多聰明厲害，卻沒做過幾件事情
□當要跟孩子討論問題或缺點時，他總是不斷轉移焦點
□比賽比贏一定有他在，輸了他總是在別的地方忙
□孩子有一百個理由解釋為什麼事情沒做好

**↓靈巧偽裝型（參見64頁）**

□每次要跟孩子討論問題，孩子就會突然變啞巴

□當孩子遇到他不想做的事情時，立刻變大佛雕像，我們凡人怎樣都請不動

□當孩子入定時，跟他說的話就好像放屁隨風去

□孩子總是用靈魂出竅逃避問題，但完全不知道該怎樣把魂魄塞回去

**⬇不動如山型**（**參見80頁**）

□孩子見不得別人比自己好

□孩子每天都在比較，計較，怎樣都說不聽

□參加比賽一定要贏，不然就搞得全部的人雞飛狗跳一團糟

□只要有一丁點輸，就要求不算重來

**⬇玉石俱焚型**（**參見94頁**）

□孩子很擔心別人說自己什麼

□非常要求完美，一點瑕疵就非常激動，無法容忍

□一件莫名其妙的事，孩子就說自己不好

□孩子不停問大人：「我是不是很乖？很棒？」

**⬇情緒崩潰型**（**參見110頁**）

□孩子平常超可愛兼演技派，但是一有情緒立刻變魔王派

□遇到不如意，不用三秒立刻掀屋頂

□超人變身的速度也沒有孩子變臉快

□孩子一發脾氣就無法收拾，很難停下來

**➡火山爆發型****（參見134頁）**

□孩子很清楚自己要什麼，而且非要到不可

□拒絕孩子之前必須先考慮：他抓狂該怎麼辦？

□孩子相信自己就是家裡的老大，一切他說了算

□要孩子妥協常常必須以另一個他滿意的條件交換

**➡導航飛彈型****（參見152頁）**

□不干他的事卻發現孩子脾氣發的比誰都認真

□孩子平常都很棒，沒什麼脾氣，就是老愛雞婆管人家閒事

□要求自己十分，但老是要求別人一百分

□自己做錯輕巧帶過，但別人做錯就毫不留情重砲責備

**➡借題發揮型****（參見166頁）**

□孩子老是因為一些雞毛蒜皮小事的發脾氣
□孩子就像兩面人，誰兇他就乖得要命，誰好說話他就亂發脾氣
□孩子有時候會發神經，突然間好像什麼都要找麻煩
□吵一些莫名其妙的事，給他他要的，立刻又換別的不滿意，怎樣都要找碴

**➡柿子挑軟型（參見184頁）**

□孩子老是有很多不滿意，太大不好，太小也不舒服
□遇到問題請他解決，總是有一堆不能做的原因
□孩子喜歡不斷碎碎唸，怎樣都停不下來
□做什麼事都喊「好煩好煩」，請他不要做又要繼續，繼續又要喊煩

**➡碎念抱怨型（參見204頁）**

孩子的成長是瞬息萬變的，以兒童發展的角度來看，有些能力表現會呈現階段式的跳躍（例如：七坐八爬九發牙，就是典型不同時期會有的不同發展特色）；有些能力則需持續穩定既有的表現，一步一腳印的往前學習邁進（例如：學中文要持續不斷的練習，逐漸將字組成詞，才能漸漸學習組裝句子、組織段落文章）。建議

做完勾選並確實執行的爸爸媽媽，可以定期回過頭來，再做一次勾選，一邊審視孩子的成長，看看他們是已經克服他的老症頭，邁向另外一個里程碑（新的症頭也可能本書沒羅列）；還是同樣的狀況有稍稍改善，但仍然有持續的輕微症頭反應。

另外，書末也有提供〈附錄：寶貝問題表〉，可以幫助你理解孩子在情緒管理和目標管理（挫折容忍）方面的困擾。

「我們無法取消孩子將面臨的困境，但我們可以幫助孩子改變自己，擁有克服難題的能力。」培植孩子的能力，就是讓他們更有力量面對未來的挑戰。本書獻給所有對孩子有所期待的家長，以及所有一起努力幫助孩子、陪伴孩子的教育者。期許我們能夠一起帶給下一代，愈磨愈亮的競爭力。

# Part1
# 挫折容忍

不求一帆風順，萬事如意，只希望當每個問題發生時，都有繼續面對問題的勇氣，支撐下去。

——引自嚴長壽《總裁獅子心》

挫折，又挫又折的，有沒有覺得光看字就很痛？

那麼，你是否剛巧遇到一個正在痛的孩子？

洋洋，一個小五的男孩，全身武器行頭，左手拿著一支接近整條腿長的衝鋒槍，右手扣著兩支輕巧左輪，身上背著一個像吃到快吐出來的胖子一樣的登山背包，打開拉鍊，滿滿的全都是各式玩具武器，以及戰鬥陀螺與相關配備。

這是二〇一〇年的暑假。這是個用武器與戰鬥來偽裝堅強的男孩。好險，笛飛兒的老師看人不看行頭，看眼睛，看住在那眼睛裡的深深靈魂。

攜帶著全部勇敢的一個人，來到陌生地方的洋洋，眼裡其實住著許多擔心與害怕，但臉上卻掛著青少年式的不在意，以及輕蔑的表情。那種偽裝，是的，我們很熟悉，不但因為認識許多這樣的孩子而熟悉，更因為自己也曾經以為這是一種保護而熟悉。彷彿用這樣的表情，就能抵擋外界的可怕與攻擊。我沒有多說什麼，看著他笑了笑，尊重他對這個世界的防衛，也表達我對他的接納。

第三天，洋洋很明顯的放鬆自在許多，也因為這樣的放鬆與自在，所以洋洋發狂了！開頭只是比賽輸了打算賴掉不認帳，蛇纏棍似的輕言巧語，句句中肯，好像剛剛他們組輸掉真是天理不公，是比賽規則與其他團隊有問題，現場如果有任何一個腦筋不是裝漿糊的人，都應該立刻重新開始比賽；不不不！如果你再有智慧一點，應該立刻改判洋洋隊獲勝才對。你說這樣的腦筋與說服力，以後不當個談判專家怎麼行？

當然，要教孩子就絕對不能讓孩子的聰明才智給拐倒，洋洋很快發現怕是輸定了（其實早就輸了，他可以堅持到這一刻也是該給他一點掌聲）。碰！洋洋的手冷不防的大力一揮，開始憤怒的摔著手上的積木，把觸手能及的物品東丟西砸的甩到一邊去（笛飛兒教室提供孩子軟性的積木與相關物品來讓他們遊戲，因此不會造成破壞性的傷害），一邊踩著憤怒的腳步，用尖銳但

細細的聲音不斷喃喃自語，悶憎、怨懟，然後忽視整個正在進行活動的團隊，包括剛剛與他一起抗爭的伙伴，毫不猶豫的把自己塞進教室裡狹小的置物櫃中，用薄薄的櫃門與屬於自己的黑暗小世界，來表達他對比賽結果的激昂情緒。

是的，挫折，至少對洋洋的靈魂太痛了，所以他選擇攻擊、逃避與躲藏。

## 新天才世代的誕生

挫折容忍力不足，二十一世紀的孩子們突然間開始流行的通病。

在藤子不二雄的著名漫畫小叮噹身處的二十世紀中，大雄不敢期待美好的未來，擔心每天會遇到無解的問題，所以總是找小叮噹幫忙。然而二十一世紀時，孩子們在一種莫名美好的生活組合與際遇中，享受著王子公主般的環境與教育，父母大量運用所有的資源，約束自己，用前所未有的低姿態與高讚美、多項資源強力的投注在孩子身上。突然間，絕大多數的孩子，擁有著共通的生命經驗：生命裡的前N年（三至十年，視家庭資源與孩子資質而變動，但普遍都有三年以上），幾乎不曾遇到過困苦、挫敗與難題。新天才世代誕生了，聰明、機靈、棒、靈巧、高天賦這些形容詞，大量的圍繞在孩子成長的周邊，大部分孩子都至少當了家裡的天才寶貝三年以上，直到，美好的保護罩再也遮擋不了現實世界裡的困難輻射線。然而，對未來與對自己的美好期待已經形成了！究竟要如何讓孩子一邊相信自己有能力、對自己有充足的信心，一邊又要能夠承受真實世界的壓力，面對失敗時不慌張恐懼，勇敢承受困難與打擊，這微妙的平衡確實是現代父母教養的一大難題！

成長的路上，孩子總是會不預期的遇到各種不同的考驗和挑戰，所謂「人生不如意事，十之八九」，這樣占據生命中百分之八十、九十的事，也難怪明智的爸媽們會如此看重挫折容忍力這項指標。

挫折容忍力與困境應對能力，如果我們願意的話，可以再細細拆分成抗壓力、耐挫力、問題解決能力與情緒管理能力，甚至也與目標設定、目標管理、自我肯定及人際經營能力息息相關。這樣分開來看，相信爸爸媽媽更可以明白這項能力的重要性，以及理解為什麼它與孩子的正向未來有密不可分的關係。在本篇，我們就先不對其他能力做逐一細談，而聚焦在「挫折容忍」這個主題與爸媽的困擾分享，以及如何引導孩子的方式上做說明。

## 能夠承受多少挫折，未來的舞台就有多大

學者克利福德（Clifford, 1988）指出，一個人在面對有挑戰性的工作時，若想持續投入，就必須忍受過程中可能遭遇到的困難或失敗。因此，這種容忍力會影響每一個人願意冒險的程度，以及對於失敗的反應。挫折容忍力高的人，在學習與成長過程中比較願意冒險、嘗試挑戰，並且在面對挫敗時，能以正向的思維與行動來回應。

這樣的表現與能力值，自然而然地會影響孩子如何為自己設定目標，如何引導自己達成目標，在過程中面對與解決困難的能力為何，以及未來成就的終點在哪裡。

「我想，對小孩最好的教育絕對不是給他最好的，而是讓他學會挫折容忍，讓他不要習慣錦衣玉食，因為所有成功的人，都是比別人能夠吃苦。」知名作家趙靖宇在部落格透露他對教育的看法。

中央大學神經科學研究所所長洪蘭說：「人有時候是被挫折推動而演化出克服困難的方法。」

很顯然的，挫折容忍力是一種影響孩子一生的能力，但卻也是一項無法與生俱來、必須在生活教養的成長過程中不斷培養、鍛鍊的能力。

依稀記得洋洋媽媽在課程前，眼裡帶著疲憊與不捨地描述對洋洋的擔憂：「真的很擔心他，好像沒什麼事他會在意。每天晃著晃著，早上晃去學校，下午再晃回來，功課有一搭沒一搭的寫，考試前也沒看他多努力準備，成績當然也亂七八糟。他的能力不該是這樣的，我很清楚，他是個聰明的孩子！小學三、四年級，老師就跟我反應他可能有注意力方面的問題，帶他去醫院做診斷，也配合藥物做了一些治療，可是……升上小五，問題好像沒解決，老師三不五時就會跟我反應他的情況，而我感覺他的朋友好像就固定那一兩個……我已經在考慮，等他要升上國中的那個暑假，我可能要帶他出國去念書……不然他這樣是該怎麼辦……（媽媽說著說著，眼眶紅了）老師，這樣有救嗎？」

教養中的挫折，教養中的痛，隨著媽媽臉部的線條與淚，靜靜的淌著。面對挫折，我們永遠可以選擇放棄、妥協、接納，然後承受，也可以選擇不斷的奮戰、堅持、拉扯、拔河，堅信我們所看見的，直到期待的目標出現為止

。洋洋的媽媽屬於後者，在不斷的努力中，她的智慧清楚的告訴自己，必須清澈的面對自己與問題，以及煎熬，並且不斷的尋求更有效的幫助，儘管這些痛苦來自自己所愛的人。打從心裡不曾放棄對孩子的信念的母親，她們的柔軟與堅強，那一幅幅的美麗，絕對是該深深的刻印在我們的心上。也因為這樣，你絕對該認識二〇一一年的洋洋。

二〇一一年的寒假剛結束，洋洋吵著要去學蛇板，那是很耍帥、但也超難的極限運動。媽媽開始分享新的洋洋：「以前看到什麼就想學，但總學沒幾天就放棄，要不是覺得他愈來愈長大，不然心裡（對報名）真的很拉扯。第一堂課我跟洋洋一起去，教練示範完動作後，就請孩子們自己練習。洋洋站到板上，滑沒幾下，一個大轉彎的動作就立刻摔倒……不是只有他摔啦，是所有孩子都在摔，可是你知道，做媽的在旁邊看了好心疼，但是洋洋一個字都沒吭，一直練、一直摔，爬起來再練、又摔。

「坦白講，我真的看不下去，只好藉故開溜去買飲料，結果回來時，看到洋洋已經在U型板上滑得很有樣子，甚至還做出教練教的迴身動作了。當時其他的小朋友都已經摔到在旁邊休息，只剩下洋洋堅持著把這件事做完。老師，我那一瞬間真的好驕傲，洋洋真的長大了，讓我很想立刻跟旁邊的媽媽們一個一個說，看啊！這是我兒子……」

在笛飛兒的日子，我們與許多爸媽、孩子並肩作戰，重新審視孩子與世界的關係，重新界定爸爸媽媽對孩子的期許，也重新調整孩子看待世界的角度、與世界互動的方式……

以下，我們精選十年現場經驗，依據常見的孩子特性，逐步拆解，帶爸爸媽媽輕鬆學習如何引導孩子面對挫折，面對情緒，打造寶貝高ＥＱ！簡單來說，這是一本能增強和鍛鍊孩子耐挫力的教養秘技，也期待透過秘笈裡武功步驟的拆解和仔細說明，能讓爸爸媽媽輕鬆練功，一起提升寶貝的挫折容忍力！

# 1 立刻放棄型

## 當機立斷，即刻撤退

「我不做，就不可能失敗」，「我不試，也不會看到自己哪裡遜」，此門派高手的最大特色就是面對困難時當機立「斷」，同時具備堅忍不拔的毅力：當他們決定放棄時，一定立刻撒手不管，而且很難回頭。不聽不看不面對，是此門派的一貫作風。

## 媽媽的苦惱

很多人都說我們家貝貝可愛，學校老師也很稱讚他的表現，雖然他才大班，不過滿獨立的，可以自己搭校車去學校，在新環境也很快就跟人打成一片，不會一直黏在我身上不放。我覺得他很貼心的地方是很願意關心別人，例如有一次他看見一個小朋友跌倒在哭，就主動走過去給對方惜惜，問他痛不痛，要不要擦藥藥，那個模樣的確很惹人愛！

不過一直有件困擾我的事情。平常他都很好，但只要一遇到困難或不舒服時，便會立刻說：「我不玩了，這個好麻煩！」然後就不做了，不論你怎麼跟他說，他不做就是不做！有時候我比較堅持，希望他不要半途而廢所以要求他，但都沒用，他就是堅持不幹了！如果一直跟他說，他還會生氣的說：「我就是不想做了！」「媽媽很討厭，我討厭媽媽！」「我就是不想輸！」有時還會生氣或尖叫……有時候他會邀請我一起去做別的事，我想沒關係，可能是他現在不想玩，那就下次再繼續吧，但是等我下次再邀他時，他還是會跟我說不要，問他為什麼，他就說「這太難

了！我會輸，所以不要！」講的這麼白，我的心都涼了！

我真的不懂為什麼會這樣，而且事態已經愈來愈嚴重。貝貝現在不喜歡數學遊戲、下棋、拼圖，這已經很糟糕了。上次朋友來家裡玩，玩不到五分鐘就聽見貝貝說：「我不玩了！討厭！」轉身就走過來說：「媽媽，我不想玩了！」我正擔心會不會又遇到什麼困難或挫折時，果然有個小孩出來告狀說：貝貝剛剛輸了就跑走……我問貝貝怎麼一回事，他說他不想輸，生氣，所以不玩了！我覺得孩子有問題要學會想辦法解決，長大才會好，不能說因為輸了就不玩。尤其他現在好像每次一遇到事情，就直接喊不做了，這樣的話，要怎麼辦呢？總不能什麼事都放棄吧！這世界哪有什麼事是從頭順利到尾的？但是我要他試，他又會說他不喜歡，要我不要逼他。平常他還滿聰明的，可是怎麼這件事他就一直轉不過來，要他勇敢一點、再試試看，他不要就是不要（我之前還跟他硬碰硬兩個小時，他不要就是不要耶，怎麼這個時候就這麼有毅力），我覺得他真的是現在人家說的耐挫力不好的孩子，像這樣我到底要怎麼教他呢？

——沮喪無力的貝貝媽咪

## 笛寶貝案例

你對貝貝媽媽的難處也深有同感嗎？在進入解析之前，我們先一起來看另一個有同樣「症頭」的笛飛兒寶貝案例分享吧！

咪咪的第四堂課，記得那天是合作的課程。咪咪很清楚要完成什麼，也非常主動的與隊友一起過關，但是兩個人要一起冒險時，與咪咪同組的小男孩總是搞不清楚狀況，一下子跑太快、一下子不知道要拿什麼道具、一下子又不知道現在已經要出發了……

咪咪從原本的關心提醒：溫暖的向朋友說，我們出發吧！然後假裝不在意，到第二次隊友開始出搥時，咪咪乾脆不管隊友，自己過自己的（已經放棄那名隊友了）……第三次，隊友把積木不小心全部灑倒時，散落在地上的積木，映著咪咪冷靜看向積木的臉，形成詭異又衝突的對比。咪咪轉過身來跟老師平靜的說：我不想玩了，我要回家。語句稍落，咪咪隨即轉身從教室走出去找媽媽。

咪咪整整堅持了半個小時不肯玩，老師要跟她討論她也一直說：「就不要玩！我不想玩了！我要回家了……」

媽媽說，咪咪就是這樣，可能是老么的關係，哥哥姊姊都滿疼她的，她只要脾氣一來就是拗，如果真的不讓她，她拗個一兩個小時也還是拗；而且媽媽發現，雖然咪咪都會很冷靜的說自己不要、不做、不想了（也講得超清楚），可是這樣的狀態好像老是出現在遇到困難的時候。遇到麻煩，咪咪就是會**立刻放棄**，旁邊的人再怎麼說破嘴，她說不做就是不做！

咪咪一遇到困難就選擇放棄，讓旁邊的人忍不住擔心，等她長大，遇到更多挫折時該怎麼辦？

## 笛寶貝解析

其實，從兒童心理的角度來看，我們可以知道咪咪的意圖是：藉由放棄面對困境，來確保自己全勝的紀錄，完全不接受自己可能有「能力不足」、「差強人意」或「感覺不舒服」的表現。精神分析學派大師佛洛依德（Sigund Freud）提出心理防衛機轉的概念，說明人們為了保護自己，容易在不知不覺中用一些話語、動作或想法，來遮掩原本真實發生、但自己卻不願接受的事件。「否認」就是拒絕接受自己所不願接受的事。藉著否認真實的不好，孩子（或成人）可以躲在鴕鳥的沙坑裡，躲避不喜歡面對的事實，在自己的想像中繼續生存。但是，這樣好嗎？看到孩子在這場戰爭裡拚命，我們到底該怎麼辦呢？

首先，我們可以先探究的問題是：孩子**為什麼這麼害怕失敗**？為了不要面對挫折，失去真正可以邁向成功的機會，真是叫人匪夷所思。

以咪咪的例子來說，咪咪聰明，讀得懂大人世界的規則與期待，也恰好直到出狀況前，咪咪的能力與際遇，都能讓她一路水到渠成，發現處處是掌聲，路路有喝采；這樣的過程更堅定了咪咪不會輸、不能輸、不該輸也不愛輸的信念。然而隨著年紀增長，困難增加了，期待也增加了，咪咪發現，要像以前一樣的左右逢源，似乎是愈來愈艱難，因此她開始對自己的某些展現無法接受：例如不小心做了什麼不合時宜的事情，或表現起來好像不是那麼聰明的結果。

其實，像咪咪這類型的孩子通常是社會發展較快、情境覺察高、觀點取替能力好的孩子，然而你也可以清楚的感受到，這些優勢在此時此地，似乎變成擋住孩子成長的巨大石塊！對咪咪而言，深切的害怕是：如果周邊的讚賞與掌聲消失了，那自己會變成什麼樣呢？難道以前以為的自己是假的嗎？原來自己是笨蛋嗎？太多的擔心與害怕，讓這樣的孩子拒絕承受失敗，也拒絕面對問題。至少這樣他可以簡單的保有過去的全勝紀錄。

## 笛老師的建議

對於孩子，你也跟我們一樣擔心不已嗎？我們來看看笛飛兒老師怎麼處理吧！

### 1 表達對孩子整個人的喜愛，鼓勵他／她勇敢做自己

面對咪咪這類遇到挫折快速放棄、又拉不下臉再度面對的孩子，我們可以對他

表達欣賞與愛，然後鼓勵他勇敢的做自己，像是可以表達：「咪咪，我好喜歡你，如果你遇到不喜歡的事情也可以承認，我就覺得你更棒了！」讓孩子覺得完整的自己是可以被接受、被喜愛的。孩子把失敗或不被喜愛連結在一起，並且想像得太可怕了，以至於無法坦然面對真實世界的結果，才會用「放棄」來避開巨大的心理壓力。

### 2 引導孩子從承認負向情緒開始

可以循序漸進的幫孩子訂出一個目標。對他們來說，做丟臉的事、承認不舒服的感覺，都是很令他們難為情的，所以建議針對這類型的小朋友，可以先問問他：「你剛剛……覺得很討厭是不是？」引導孩子坦承對事件的情緒，透過這些基本的練習，孩子會越來越能夠面對內心的情緒狀態，而不再只是想逃走。

### 3 提醒孩子「喜歡自己，也接受自己」是最重要的

對咪咪來說，表現很棒的樣子，有時候只為了讓別人更喜歡自己，但是當「取悅別人，為難自己」漸漸變成習慣，孩子也會覺得這是一件理所當然的事。相信我

們都不希望孩子為別人而活，所以我們建議在與孩子表達對他的愛與欣賞時，可多添加一個問句，例如：「我好喜歡你剛剛努力的認真，你也喜歡自己認真嗎？」幫孩子把為別人漸漸轉化成為自己，是自己喜歡、是自己想要、是自己覺得好棒……漸漸的，孩子會更有勇氣展現更多自發性的能量。

## 教養放大鏡

Yes（親愛的爸爸媽媽**可以**這樣做）

①試著與孩子分享自己的挫敗經驗，讓孩子看到原來看起來很厲害的爸爸媽媽也會有沒這麼厲害的時候。分享時可以這樣說：

☺咪咪，我也有一次發生了一件跟你很像的事情，而且我也和你一樣，在那時候做了……

②針對自我要求很高的孩子，可強化「人無完美」的信念，以減輕孩子的自我

包袱。生活經驗裡可以試著這樣說：

☺咪咪，你看爸爸媽媽是不是也會有不小心而做得不好的時候？所以我們每個人都有優點，也有缺點喔！

**No**

（親愛的爸爸媽媽請**不要**這樣做）

☹面對孩子的挫敗表現，反應過於強烈，像是過於驚訝、過於擔心等等（在無形中容易讓孩子誤以為我們其實很在乎他的表現）。

☹硬逼著孩子承認自己的失敗（強迫壓力之下，會導致孩子更退卻、更無法面對失敗）。

☹不斷強調孩子的錯誤（會造成孩子更不敢面對自己的錯誤，就像有人拿著一根針不斷地挑起你的傷口一樣，讓人痛恨）。

【提醒爸爸媽媽，每個孩子都是獨特的，本身的個性與遭遇的問題都不相同，上述教養建議有課程個案的脈絡限制，可能無法適用於所有狀況。】

## 課程日誌

| 課程堂數 | 觀察摘要 |
|---|---|
| 第一堂 | 咪咪顯示對遊戲的高度興趣，與人互動也表現出不錯的技巧；但需觀察咪咪是因為新環境的關係，還是原本表現。 |
| 第二堂 | 表現高主導性，但會因應權威者做些微調整。<br>迴避衝突、迴避情緒。 |
| 第五堂 | 有較多情緒展現，表情流露不耐、討厭，會在老師探詢時否認情緒。處理迴避情緒時間約40分鐘。 |
| 第六堂 | 與同組人爭執時，已懂得堅持自己的想法（不因為權威轉向），但是沒什麼耐心，協商能力可再加強。<br>迴避情緒時間縮短，約20分鐘。 |
| 第八堂 | 發現咪咪會迴避面對真實的自己（不接受關於自己的負向回饋）。<br>情緒處理已可在10分鐘之內跟老師討論完畢，並主動提出解決策略。 |
| 第十堂 | 媽媽回饋：在家裡咪咪情緒表達有進步，但是會看對象（賴皮賴得過就賴），不過對媽媽已經比較不賴皮。 |
| 第十二堂 | 課程中能主動探索自己的不同面向，正向與負向已能同時並存（主動說自己想當公主，也說有時候會生氣），是非常棒的進步。 |
| 第十三堂 | 能主動解決輕微衝突，能向他人適度表達情緒。 |
| 第十五堂 | 咪咪會設定過高且不切實際的目標，符合發展特色，但課程可些微調整（最後一關的目標較有現實感）。 |

## 笛飛兒老師的話

失敗，是人生中永遠避不掉的記號。只是決定這個記號是句號、逗號、問號、分號，還是驚嘆號的，永遠是我們自己。

## 爸爸媽媽也想說

## 今天的笛寶貝

記得那天是咪咪的第十三堂課，老師安排了自我探索的課程，期待孩子們可以在課程中尋找更多自己的不同面向，找到更多自己喜愛自己的地方。在堂課上，孩子體會了公主的蠻橫，也了解了乞丐的冒險，還有更多形形色色的人的不同樣貌。咪咪在那堂課裡，不只一次張大眼睛，不敢置信的看著老師，因為在她的生活裡，從來沒有如此矛盾的事情產生。公主因為太驕傲而交不到朋友、乞丐因為很努力而變成富翁，世界不是只有黑色跟白色，有些時候，人是會有矛盾但並存的特質在身上的。

在那堂課裡，咪咪寫下對自己的認識：漂亮、有很多朋友、勇敢、**害怕被罵**、喜歡幫忙、**愛生氣**……咪咪終於可以接納自己的不同樣貌，可以接受美麗與生氣並存，害怕與勇敢共生，在原本只能接受自己高表現的咪咪身上，老師看到了突破與成長。而且也在同一堂課，咪咪第一次勇敢對不斷讓他不舒服的人說出：你讓我生氣。這是咪咪的第一步，勇敢面對真實的自己；在這步之後，雖然路途還有點長，但我們知道咪咪已經有能力與勇氣踏實亦堅定的往前邁進！

孩子對自己有所期待，是件好事；能夠自我要求、自我規範，也是原本我們期待孩子長大後漸漸擁有的能力；然而這些美善的信念與價值，不該成為孩子綑綁自己的枷鎖。只有在真實世界裡找到真正自己的樣子，孩子才能真正認識自己、找到屬於自己能力的優勢之處，也找到自己與朋友的契合點、環境裡的成長機會，讓自己有所發揮。

真實但缺漏的自己並不可恥，反而應該引以為傲。在人跟人互動的社會裡，我們都要學著與人互動，但能夠真正做到在互動中不迷失自我，得意時為自己讚揚、滿足，憤怒時為自己適度伸張，這本來就不是一件容易的事，這是一輩子的功課，但是，犯不著等到四十歲歷經滄桑之後再開始學！引導孩子學習面對自己的不完美，正視自己的失敗、缺點、缺陷，然後，勇敢面對，不斷試著在問題中擊出答案。這個功課，其實在孩子出生後的每一刻，教養中的每一環節，孩子早就握著人生的筆，努力刻劃了！

# 2 預知逃跑型

## 預知困難，走為上策

你遇過內功深厚的武林高手嗎？他們最大的功力就是嗅覺敏銳，只要聞到難題的味道，就會開始進行全盤的撤退計畫，在還沒進入戰場之前，他們已經回到補給區了……

# 媽媽的苦惱

我們家睿睿，現在雖然才中班，可是我真的摸不透他的腦袋裡到底裝了些什麼。有一次，我帶睿睿去上一個新的課，睿睿本來都好好的，一到現場就開始跟我「盧」他要回家，他想回家玩玩具，拉著我的手好清楚地説請我帶他回去。我跟他説如果他進去上課，上完我就帶他去公園，他竟然回我説現在他不想去公園，只想回家，拗的很。

説起來也矛盾，睿睿好像堅持又不堅持。像有一次，我跟睿睿一起畫畫，他問我畫什麼好，因為我們就坐在溜滑梯前面，因此我説不如就畫溜滑梯吧。沒想到他一聽説要畫溜滑梯，就説他現在不想畫了，我問他為什麼，他説因為他想去玩盪鞦韆，要我帶他去……我請他畫畫看，他就很大聲的説他不要，他想去玩盪鞦韆，我們吵了快二十分鐘，他相當堅持不要畫畫，要我帶他去玩……

還有一次他跟表弟蓋積木，本來兩個人蓋城堡蓋得很開心，突然間我發現他消失了，自己跑到廁所裡不知道在做什麼。我覺得有問題，問了表弟之後才知道，原

來城堡蓋好以後，表弟提議要用積木做一隻小狗，這是睿睿從來沒做過的，所以，連做都還沒做，他又不見了！

到底應該怎麼辦？之前有聽專家說要尊重孩子，我也很怕現在我逼他，反而對我要他做的事情更反感，造成反效果。可是我也擔心，以他這種個性，連做都還沒做就先舉白旗，這怎麼得了？請問專家，我到底該怎麼辦才好？

——左右為難的睿睿媽咪

## 笛寶貝案例

盈盈，是一個讓人印象深刻的小女生，第一次見到她是小一下學期的時候。記得盈盈剛到笛飛兒的時候，是以「有禮貌小姐」的稱號著稱，「**請問……**」「老師，**我可不可以……**」「**謝謝！**」這些有禮貌的口頭禪幾乎變成盈盈的註冊商標，所有的大人都超級喜歡她。

可是跟盈盈相處久了卻發現，她好像滿習慣使用禮貌的表現來讓自己避免什麼。爸爸媽媽在跟笛飛兒老師談的時候，就說他們也說不上來，就是一種感覺，覺得寶貝女兒有些什麼地方似乎怪怪的，但是每次跟其他朋友聊的時候，他們都覺得盈盈的爸媽想太多了，盈盈明明就棒到不行……

記得是在「目標管理」的課程，笛飛兒老師看到了爸爸媽媽很擔心的問題。當天，盈盈與三年級的Andy碰巧分在同一組，遊戲採小組競賽方式，第一回合的題目是運動項目，盈盈與Andy必須先討論這回合是否要參賽，以及參賽時要派誰出馬。當其他組別展開激烈人選角逐時，盈盈已經舉手說：「我們決定好了，是Andy要比賽！」老師詢問：「你們是怎麼決定的？」Andy說：「是她（手指著盈盈）請我去比賽的。」一旁的盈盈兩眼直視前方，對於伙伴的話語似乎沒有太大的反應，唯一比較不一樣的地方，就是盈盈閃躲老師的視線。

等到各組都決定完畢之後，老師公佈競賽的內容是「跳繩」。盈盈一聽，小臉蛋整張垮下來，原本期待的表情瞬間轉成沮喪（事後才知道盈盈的跳繩是班上前三名，跳繩可說是盈盈的強項之一），比賽結果Andy是最後一名，因為Andy跳得並不好，當下盈盈的臉上一點笑容也沒有。第一回合結束，第二回合隨即登場，這次

是數學挑戰，盈盈與Andy這組一樣又是最快決定好參賽者的組別，還是Andy參加，老師詢問為什麼，得到的答案與第一次的決定方式一樣：「盈盈請我去比賽。」

連著兩場都是盈盈主動放棄參賽資格，在一旁的老師已經發現盈盈為什麼總要求Andy參賽，而自己放棄了。

第三回合，由於Andy表現不錯，所以盈盈與Andy獲得了勝利，從盈盈的肢體動作就能明顯感受到她的喜悅。

私下與盈盈討論：「為什麼你不想參加比賽？」被問到的盈盈，臉部線條瞬間由興奮轉為尷尬，用一種做錯事的眼神看著我，顯然她知道自己為什麼要這樣做。我帶著盈盈思考，用孩子（盈盈）能夠理解的話語，帶著她一起想：因為想獲得勝利，但擔心結果不如預期或甚至失敗，而斷然決定要放棄競賽的機會，這樣好嗎？

盈盈以一種小大人的口吻說：不好（但卻不敢與老師的眼神接觸）。

當天家長課程中，我們與爸媽討論他們所謂「說不出來的感受」，就是盈盈只要感覺「待會可能會有困難」的當下，立刻把問題、機會、責任巧妙的丟給別人，也讓自己安全的離開難題測試區，無事一身輕。

## 笛寶貝解析

其實，像盈盈這類型的孩子，對自己有很高的期待和想像，但又不敢驗證是否真如自己所以為的那麼棒。在他們的世界裡，早繪製好應該有的表現，那是一張連一丁點錯誤都不能有的完美，所以他們在下筆前總是戰戰兢兢不斷忐忑，最後決定什麼都不畫，畢竟這樣就永遠不可能出錯；也有人拐彎抹角藉別人的手，做自己要完成的事，最後以成果決定要給予的評價是「我們好棒」，還是「他好遜」（請別人去試，成功了同享榮耀，失敗了自己也有足夠的理由當「不沾鍋」，反正又不是我做的，我還是可以繼續在自己的想像中保持完美）。

這類型的孩子很辛苦，因為他們不曉得自己兢兢業業所追求的，不過是虛構出來的幻影；他們給予自己龐大的壓力與擔心，讓他們不敢想像可能降臨在身上的失敗。快樂的人努力將能量與精力用在創造價值上，但是像盈盈這樣的孩子，卻因為太過擔心與期待，而將聰明才智都投注在避免失敗上。但是，孩子卻不知道，所有的成功都是用無數的失敗與挫折換來的，避開失敗，以為自己避開了威脅與卑微，

卻沒料到為自己包裝起來的亮麗糖衣，是一件直接避開成功的絕緣體。

無法誠實面對自己，也無法誠實面對環境的人，做了太多的努力在包裝，做了太多的努力在躲避痛苦，那麼快樂呢？其實藏在痛苦後面，一併被躲掉了，這樣的孩子在長時間的生活脈絡下，常會把自己逼到絕境。「多做多錯，不做不錯」，是這類型孩子的行為準則，不過你我都很清楚，絕對不能讓孩子帶著這樣的方法與信念，成為未來人生的信仰與慣性。

然而，當我們面對像盈盈這樣不斷因為對自己的高度期待，而綁住自己的腳，無法跨步前進，挑戰、檢驗、修正與成就自己能力的孩子時，該怎麼引導她呢？

## 笛老師的建議

在笛飛兒教室，老師可能會這樣做：

## 1 給孩子一個「彈性」的台階，讓他有調整自我期待的機會

像盈盈這類型的孩子，常常令人心疼的是，他們可能在有意無意間，把對自己的期待設得太高了。期待完美，期待不要犯錯，期待自己被喜愛，期待自己超級棒……，所以笛飛兒老師會在他們面對挫折或困難時，先問問孩子，本來希望自己達到什麼樣的目標，再依照老師對孩子的認識，輕巧的提醒他們目標設定的適當性，例如：「哇！連我現在都沒辦法，你確定你想這樣做？」「真的呀！不過上次我們一起的時候，好像再怎麼小心，都會有點失敗，要不要這次先跟上次比，先比上次厲害，下次再比這次厲害？」藉由真實的回饋，讓孩子自己發現，原來一開始的期待是不切實際的，可以做些微的修正與調整。

不過請留意，提醒時記得要輕輕巧巧的說，不要讓孩子覺得是被責備、被罵，而是要讓他們覺得自己被期許。創造一個有彈性的台階給孩子下，也讓他在下台階的同時，審視自己原本的期待是不是太高了、需不需要調整、下次訂立目標時又要如何訂定。

### 2 以正面鼓勵的方式支援他的進步，不要太快評論孩子的成果

通常跟盈盈相似的孩子，臉皮比較薄，接受他人批評的肚量也比宰相小很多，因此建議先用正向的態度鼓勵他，找到有進步的地方稱讚他。以盈盈的例子來說，我們可以跟她說：「哇，我覺得你好像變得更勇敢了，遇到覺得自己不太厲害的，還可以讓自己試試看，真是超棒的！」

### 3 試著詢問孩子：「你覺得自己表現得怎麼樣？」

最後一點務必要教孩子的是「誠實面對自己的想法和評價」。幫助孩子肯定自己，可以在孩子勇敢嘗試之後詢問：「你覺得自己表現得怎麼樣？」例如：你本來有點擔心自己做不好，但是你鼓起勇氣一試，有沒有覺得自己很棒？引導孩子想一想自己的優點與能力，自己的表現如何，自己給自己打分數，讓他們從更寬廣的角度欣賞自己，不要只在意最後的分數或成績表現，而能夠更重視自己在過程中能力的提升與學習，孩子才能相信自己，才能在面對挑戰時，不斷給予自己勇氣。

## 教養放大鏡

**Yes**

（親愛的爸爸媽媽**可以**這樣做）

①帶孩子思考他們所在意的目標為何，著重將內在想法具體化。引導孩子思考方式如下：

☺盈盈，這次比賽你想要做到什麼部分？

☺今天你覺得定下什麼目標比較好？

②當孩子面對失敗時，化身為孩子的後援隊，陪伴感受與想法。試著以肢體動作與語氣態度表示關心：

☺輕輕拍拍孩子的後背。

☺手輕輕搭在孩子的肩上。

☺溫柔告訴孩子：「很不錯啊！我們再繼續努力試試看！」

**No**

（親愛的爸爸媽媽請**不要**這樣做）

☹有什麼關係，你不要這麼在意（不要否定孩子的在意，即使對大人來說是芝麻綠豆的小事，孩子就是真的很在意）。

☹輸有什麼關係，幹麼這麼愛生氣（不要否定孩子的情緒，而是帶孩子學習化解情緒）。

☹羞羞臉、愛哭鬼，我要去告訴你的同學（不要否定孩子表達情緒的方式，羞辱和揶揄都是不恰當的回應）。

【提醒爸爸媽媽，每個孩子都是獨特的，本身的個性與遭遇的問題都不相同，上述教養建議有課程個案的脈絡限制，可能無法適用於所有狀況。】

## 今天的笛寶貝

在課程裡，盈盈漸漸愈來愈能面對真實的自己，敢嘗試、敢失敗；不再老是放

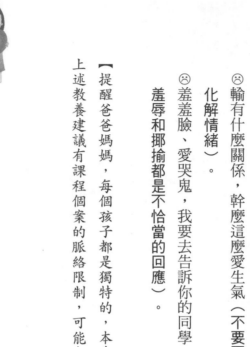

## 課程日誌

| 課程堂數 | 觀察摘要 |
|---|---|
| 第一堂 | 盈盈，第一堂課，社會技巧佳。擅與成人互動。同儕互動時把自己當小大人，須再多加觀察。 |
| 第四堂 | 擅於順勢而為，逃避自己不敢面對的事情（跟Andy一組，不擅長的關卡寧願讓Andy去失敗，也不願自己試試看）。<br>處理15分鐘，間隔30分鐘後，盈盈能勇敢面對自己、承認因為害怕而逃避選擇、逃避面對。 |
| 第五堂 | 整堂課悶悶不樂，討論發現，本週在學校發生被同儕排擠的事件，與盈盈討論對策後，請爸媽在家須給予支持的力量。 |
| 第六堂 | 大進步：抗壓性提升，已逐漸可釋懷他人眼光，坦然接納自己的做不好。課後追蹤上週的排擠事件，盈盈嘗試討論後做法已解套。 |
| 第十堂 | 漸漸靈活，本來只說大人的話，照本宣科的做。現在懂得轉彎（變通）；然須再引導變通時機點。 |
| 第十一堂 | 逐漸嶄露自信，能主動解決跟朋友的衝突事件；須再更堅持自己的想法。對關係破滅擔心。 |
| 第十三堂 | 當週提醒盈盈爸媽須調整對待盈盈的態度。她的能力已有提升，須有相對應的方式，而不是用舊標準。 |
| 第十五堂 | 因為太開心和朋友聊天，忘記課堂目標；不能接受最後被懲罰的結果，花30分鐘討論如何兼顧自己的欲望和目標，為自己負責。 |
| 第十八堂 | 跟自己接納的好朋友相處90%沒問題，然面對特定友伴容易被激發情緒，須加強對人的彈性與包容。 |

## 笛飛兒老師的話

每個選擇，都會帶來有意義的結果；遇到困難，放棄是一種選擇，忽略是一種選擇，找到方法再重新出發當然也是一個選擇。只是很多孩子蒙上眼睛，不去看他們在放棄之後接踵而來的代價。

## 爸爸媽媽也想說

棄，而是向前奮戰。為了超越原來的自己，跌倒、失敗、站起來，又跌倒、又失敗、又再站起來。

不同類型的孩子可能適合不一樣的引導，但笛飛兒相信，沒有教不來的孩子。只要我們用對方法，也將可以預見：孩子能夠鼓勵自己，勇敢從挫敗中站起來，愈挫愈勇，最後找到成功的方式；也等於為自己又創造了一階通往未來挑戰的階梯！

盈盈的大躍進是在第六堂末，當天所有的小朋友要參加比賽特訓，就是要拍球連續三十下（拍球離地）。當時一聽到特訓內容時，所有的男孩們歡呼連連，唯獨盈盈呈現一種不知所措的感覺；盈盈會出現這種表情時，顯示她在這個項目上的表現沒什麼把握，可是這次盈盈很勇敢的迎擊。記得輪到盈盈拍球時，專注的動作讓她一口氣就拍了十二下，但離目標還是有一段距離，因此盈盈又再試了一遍，但這次只拍不到五下。失敗的那一剎那，所有小朋友注目的眼光全集中在盈盈身上，可以想見此時的壓力有多大，盈盈的淚水已經在眼眶裡打轉，當下老師上前支持盈盈勇敢接受挑戰的態度，讓她又試了第三次，這次已經超越十七下，但仍是失敗，淚水已經不爭氣的從盈盈臉上滴下，她低頭去將球撿起，決定再試一次，老師也提醒盈盈拍球時要注意什麼。她後來真的是愈拍愈好，最高拍到二十四下，但仍沒有達

到三十，不過隨著球數愈來愈接近目標，大家也都幫盈盈加油，因此盈盈拂手擦掉自己的眼淚，勇敢挑戰第八次，終於，成功了。

從完全不敢嘗試（連自己很強的跳繩，都因為擔心比輸而不敢嘗試），到現在遇到自己不拿手的任務，在眾目睽睽之下，仍可以愈挫愈勇，勇敢挑戰成功，盈盈真的變棒了！在這個過程裡，老師與盈盈原本的期待拔河，經過一次又一次的引導與調整，盈盈不僅能更坦然的面對自己，甚至重新調整自己對於挫折的看法，也在一次次的失敗中汲取經驗，最後邁向成功。

因此，笛飛兒相信，了解每個孩子的不同，我們將更能帶領孩子在不同的特質下，發揮屬於自己的耀眼光芒，不讓自己的優勢反轉成劣勢，也別讓孩子對自己與未來的高度期待綑綁住自己的雙翅，無法高飛。

有一個故事是這樣說的：大象是馬戲團裡最巨大、最強壯的動物，但是管理大象、約束大象卻是團裡最簡單不過的工作，為什麼呢？因為只要一根小木樁，就可以讓再強壯不過的大象伏伏貼貼，這到底是怎麼做到的？

方法其實很簡單，馬戲團長發現，只要從大象還是個象寶寶的時候，就把牠拴在一根牠如何用力拉都無法移動的木樁上，象寶寶不管怎麼拉、怎麼扯，那根木樁連動都不會動，隨著象寶寶的努力不斷遭遇失敗，牠就會愈相信「我怎麼拉，都拉不動這根木樁」，直到小象相信自己無能為力後，牠就不會再嘗試去拉木樁了，甚至火災發生時，已經成年的大象仍舊無助的留在木樁旁，慘遭祝融湮滅。故事令人心酸，但卻生動的描繪出心理學中「習得無助」的現象。對應到孩子身上，我們當然不希望他像小象一樣，在一次次裹足不前的過程中，養成自己**沒有能力突破困境**的信念，劃地自限。

引導孩子相信自己，幫孩子打破「不可能」的惡性循環，帶他堅定自己的信心，就能嘗到成功的甜美果實。相信自己有能力可以不斷的承受挑戰，不斷的解決問題，絕對是不能往後拖延的大事。子曰：「知之為知之，不知為不知，是知也。」當孩子學會用更正確的態度看待自己的能力，就能以更適切的身段與準備迎接即將到來的挑戰，幫自己累積更多更好的能力，勇敢前進。

# 3 靈巧偽裝型

## 瞞天過海，以智取敵

失敗時，此派的高手會披上巧妙偽裝的外衣，喝水、上廁所、想抱抱……五花八門的欺敵戰術，讓敵人目不暇給之際，完全忘了剛剛要跟他決鬥的原因是什麼，又要求了他什麼……

# 媽媽的苦惱

最近我們家小致有一種說不出來的怪，我真的不知道該怎麼表達，以前他一直是個很專心的孩子，雖然他現在還是一樣專心，但是……好像多出很多……臨時的需要？

譬如以前他寫功課的時候，他就是坐在桌子前認真的寫，也不用花太久時間，一下子就寫完了，然後就可以開心的去玩或做一些他想做的事。但是現在，常常寫啊寫的，就突然間要喝水，或是說他肚子好餓，要吃東西，不然就是身體哪裡不舒服，例如頭很暈、太熱了、哪裡癢到受不了……。剛開始我真的很擔心，還以為是哪種病毒在流行，但是慢慢的發現，其實他好像滿正常的，頭暈一暈讓他去睡覺，還會偷偷拿著車子玩，自己在那邊念念念、笑笑笑，因此覺得好像哪裡不太對勁，究竟是真不舒服，還是假不舒服？

像這次過年，很多表兄弟姊妹回來家裡，大家一起很開心的在玩大富翁，但是突然間，他又說他肚子好痛，不能玩了；我趕快過去了解，但這次我學乖了，先看

看剛剛發生什麼事。在我仔細確認後，發現原來他要破產了，身上只剩三千多塊，結果要繳給表姊的過路費是五千多塊。看著他在那邊一直喊（演）肚子好痛，阿嬤在那裡為他著急慌張的樣子，我真的一瞬間覺得腳好軟、心好冰。怎麼會這樣？我從來沒有教他要這樣，繪本、故事、道理我都很認真在教他，他怎麼會去學這種詐欺騙人的招數？

我真的快昏倒了！要揭穿他嗎？可是在眾目睽睽之下揭穿他，會不會傷害他的自尊？我到底要怎麼教他？直接告訴他你肚子根本不痛？但是他一副很痛的樣子，如果是真的該怎麼辦？我真的快昏倒了！可以給我一些方法嗎？

——心亂如麻的小致媽媽

## 笛寶貝案例

初次見到小哲的時候，我們便對這個中班的小男生印象非常深刻——體型較相

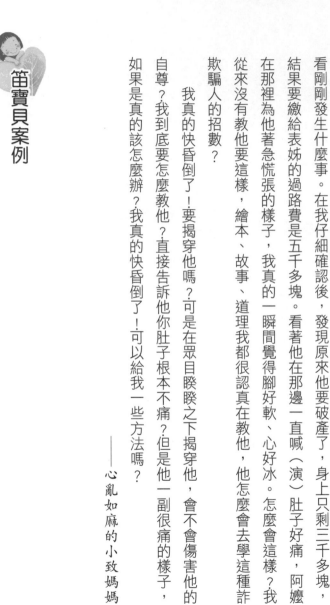

同年齡孩子高大的小哲，有著斯文的五官輪廓和靦腆的笑容，害羞時臉頰兩側紅通通的，非常可愛。不只如此，他一進教室的門就會禮貌的敬禮，和老師們說：「笛飛兒老師好！」和沙發區的其他孩子媽媽們說：「阿姨你們好！」惹得在場媽媽們都笑著說小哲好有禮貌，好可愛！這樣人見人愛的小朋友，讓同學們也非常喜歡和小哲玩在一起，經常下課之後，呼叫小哲一起玩遊戲的聲音便此起彼落，可說是同學當中的人氣王。

但是乖巧又高人氣的小哲，卻有一個可能連他自己都不是那麼清楚的壞毛病。有次上課，還記得當天的主題是「問題解決」，本來小哲與同組的小朋友玩得非常開心，一次又一次順利的過關，讓小哲甚至開始手舞足蹈歡呼起來，但漸漸的，成功不再是那麼唾手可得，小哲開始嘗到失敗的滋味。一次、兩次的失敗，讓組內原本歡愉的氣氛快速消退，這時，小哲第一次在上課中有禮貌地跟老師提出「我想上廁所」後，便跑出教室，在外頭走走逛逛，到廁所一趟又回到教室。回到教室後的小哲坐在小組的外圍，看了一會兒，完全沒有加入。小組又再一次的失敗了，在一些孩子的堅持下，全組決定再一次挑戰，可是新戰局開始不到五秒鐘，在團體外圍的小哲又禮貌的向老師詢問：「我可以去喝水嗎？好渴喔！」接著，小哲又說：「

請問我可以去丟垃圾嗎？」「請問可以再去喝水嗎？我真的好渴！」「我又想上廁所了。」……小哲頻繁的進出教室，尤其在小組失敗後，小哲幾乎沒有辦法留在教室裡，不斷使用正當且合理的理由，遠離這個麻煩的困擾。

你覺得小哲怎麼樣？他聰明嗎？無庸置疑，他是聰明的，只是他的聰明被快速拿來逃避和遮蓋原本該面對的挫折與痛苦。遇到困難的時候不是衝鋒陷陣的解決難題，而是用樹葉遮掩自己離開戰場，把自己裝扮成一隻變色龍完全融進環境裡，如果你不特別留意，還真的不曉得有人正在當困境中的逃兵！

## 笛寶貝解析

為什麼小哲要這樣？

在孩子的成長過程中，難免會遇到困難，這時，父母、師長選擇什麼樣的態度來面對孩子的問題，對孩子可是大有影響。一肩扛起，幫孩子解決所有問題？無條件提供協助，全力支援孩子？抑或視若無睹，任孩子獨自面對？不同的教養方式背後的不同教養哲學，必然會對孩子產生不一樣的影響與意義。

俄國學者維高斯基（Vygotsky）就曾提出，在孩子年幼時，成人的引導可以幫助孩子建構出適當的鷹架，幫助孩子學習與成長（即是所謂的最近發展區，zone of proximal development, ZPD）。維高斯基認為，孩子從面對不會的事物，到能獨立解決問題的過程，需要獲得身旁較有能力者的協助，在這些人的協助引導下（但不是直接幫忙做），可以幫助孩子學習獨立解決問題，獲得成長與學習。

所以，當孩子面對困難時，若身旁的成人太過求好心切，傾向直接幫孩子解決問題，例如拼圖拼到一半去上廁所，回來拼圖就被拼好了；不小心打翻水，才剛驚叫、跳著離開，下一秒鐘就有人幫他處理善後……，諸如此類的例子，不勝枚舉。成人的出手相助雖然當下解決了問題，困難似乎不存在了，不過事實上孩子根本沒有學會如何面對困難與挑戰，所以下一次當他獨自面對問題時，可能就只想逃離現場，遠離麻煩。不過，他同時又希望結果是好的，所以會不斷回到現場確認結果，並在這個過程中，心理不斷反覆煎熬。

這樣的行為其實引出另外一個重點，這類型——瞞天過海，靈巧偽裝型——的

孩子，其實是對自己很有期待的，他們雖然在面對問題時不知所措，但是他們很希望自己的表現都能符合自己所設定的標準，或者是，符合他們所接收到的、身旁大人們的期待與標準。因此當他們發現結果不如預期時，可能是因為害怕，也可能是因為缺乏策略或其他因素，先選擇了不看不聽不面對，並期待在這段時間裡，會有小精靈出現把事情統統做完！這樣，一切豈不是太完美了！想想看，睡一覺醒來，沒縫完的鞋子就自己完成了，這樣的童話故事，連大人都欣羨不已，你不嚮往嗎？

既然如此，為什麼孩子們不直接告訴爸爸媽媽「幫我做」呢？直接向小精靈許願，也承認自己的放棄與無力，不是更直接嗎？這中間的「眉角」（台語，訣竅的意思）如果你不懂，可真的要很小心了！因為，你的功力已經遠遠被家裡的寶貝超越了，望塵莫及啊！試想，一個聰明的、對自己的能力充滿期待的、也懂得察言觀色來了解社會運作規則，預期自己被肯定與讚美的孩子，會天真到像笨鴕鳥一樣，把頭埋進沙堆裡，屁股還在外面搖啊搖的，這麼明顯的宣告自己的害怕與無助，並乞求你的幫助嗎？不！別這麼傻，還有更聰明的方式不是嗎？運用**正當的**理由，讓自己遠離是非地，過一段時間再回來確認結果，並偷偷期待回到現場時難題已經化解，這樣不是更好嗎？又不用丟臉，也不用拉下臉來拜託，就有直接的好結果來支持自己的高期待，以實（實際結果來支持自己的高期待）掩虛（其實自己沒辦法解決問題，但如此可避免承認自己的失敗與無力），這豈不是更高竿？然而一次又一次的逃避，聰明的媽媽應該開始發現：孩子的能力並沒有踏實的進步，甚至開始慢慢退化，卻又悲哀的更加高了自己尊嚴的堡壘，更不能丟臉、更不能嘗試了！這樣好嗎？相信有智慧的你，會跟我們一樣在心裡捏了好幾把冷汗！

## 笛老師的建議

但是，我們到底該怎麼做呢？針對孩子如此靈巧的逃離挫折，笛飛兒建議爸爸媽媽可以試試以下的做法：

### 1 以靜制動

像小哲這類型的孩子，擁有良好的觀察力，又非常能夠順勢而為，因此很多時

候總是能靈巧的將自己的真實意圖隱藏起來，融入環境與規則之中，讓爸爸媽媽看不到問題與擔心。建議下次爸爸媽媽在感覺小哲想要逃避問題時，可以看著孩子，先沉默（但不要太嚴肅）等待兩秒鐘，看看他有什麼反應。不需要急著回應他，也不需要急著戳破，先等等，聽聽孩子怎麼說。

### 2 順序法則

所有的事情，總是有先來後到，如果爸爸媽媽很清楚孩子的行為是為了要逃避問題，那麼，溫柔的請孩子先做完前事（讓他遇到挫折的事），再進行後事（他說想去處理的事），不要讓逃避變成孩子的習慣。當爸爸媽媽堅定的請孩子勇敢面對自己的不舒服後，孩子也能在過程中獲得力量，了解我們想要傳遞給他的：「勇敢面對困難」的信念，更願意想辦法戰勝挫折。而在一次次的努力面對困難後，孩子更能不斷的穩固「堅定面對難題」的信念。

### 3 清楚地向孩子表達期待

做完第一項與第二項步驟後，笛飛兒建議爸媽們可以清楚明白但溫柔的告訴孩子，對於他面對問題的看法與期待。例如：「爸爸媽媽希望你以後可以變成一個很棒的人，所以希望在你覺得好難的時候，還是可以勇敢面對。」給孩子一點目標與期許，孩子會更有動力克服難題。

## 教養放大鏡

Yes（親愛的爸爸媽媽**可以**這樣做）

①見孩子不斷找理由轉移焦點時，以微笑肯定的態度，邀請孩子再次嘗試。邀請方式如下：

☺小哲，我們一起試試看吧！（語調熱情堅定）

②當孩子拒絕再嘗試時，別著急驚慌，以輕鬆微笑來應對孩子的反應。

☺好哇，那你先休息十分鐘，等一下我們一起做吧。

③共同完成任務後，建議要孩子獨立再完成一遍，讓孩子複製屬於自己的成功

經驗。說的方法如下：

☺小哲，你已經學會成功的方法囉，再做一遍吧。

No（親愛的爸爸媽媽請**不要**這樣做）

①當孩子拒絕再嘗試時，切勿只擺出命令指責的態度，卻忽略是否需要適時提供協助。像是這樣說：

☹小哲！你最好趕快去做，不然你今天就不能看卡通！

②當孩子又要搪塞理由（只為開脫不想面對的事情），切勿一聽到便立即回以駁斥，因為駁斥只是讓孩子繼續搜尋下一個對自己有利的理由，繼續企圖以僥倖心態迴避自己的責任。而爸爸媽媽也一起掉進這個找藉口的圈圈裡，非常不明智。像是這樣說：

☹小哲！現在根本不會太晚，才七點而已。你還有很多時間可以作!!

【提醒爸爸媽媽，每個孩子都是獨特的，本身的個性與遭遇的問題都不相同，上述教養建議有課程個案的脈絡限制，可能無法適用於所有狀況。】

# 課程日誌

| 課程堂數 | 觀察摘要 |
|---|---|
| 第一堂 | 已具備基本社交技巧，知道如何有禮貌地與人建立關係，自我表達佳。可再觀察後續表現。 |
| 第三堂 | 友伴發生衝突時，小哲會緩慢且不著痕跡坐到討論後方的位置，不表示意見，也不會讓大家發現，像隱形一樣地在一旁安靜等待，等問題處理好之後再輕巧地冒出頭來跟大家一起玩。詢問感覺只回答無聊。 |
| 第五堂 | 懂得順應情勢提出合理要求，逃避不想面對的情緒事件。引導20分鐘後坦承挫敗情緒（進步）。 |
| 第八堂 | 進步，較坦然面對自己的想法，面對權威者（老師）仍能主動表達與爭取。 |
| 第九堂 | 具備情緒知識，引導下可做情緒表達；引導約5分鐘後，能直接向他人表達不舒服情緒，並想辦法解決。 |
| 第十堂 | 當天請小哲聚焦指出優點，小哲知道自己聰明，也覺得自己棒，然無法具體說出棒的地方。討論引導可留意方向後，陸續對應多種不同的優點。當天提醒爸爸媽媽誇獎要更具體。 |
| 第十三堂 | 小哲已經會跟別人吵架了！在吵架中展現他的伶牙俐齒，是很不一樣的表現。（媽媽聽到非常開心，說本來很擔心小哲會變成被霸凌的對象，因為他好像都溫溫的，感覺很好欺負的樣子。） |
| 第十四堂 | 同組討論出現不同的聲音，小哲能知道對方的想法，還提出自己的看法；引導一些說服的技巧與需留意的地方後，小哲成功說服隊友使用自己的辦法。（小哲有說服方面的天賦） |
| 第十六堂 | 挫折容忍能力提升。對應挫折情境，小哲已不逃離現場（坐原地看），表達自己要休息一下，等一下捲土重來（真的做到）。堅持到最後贏得成功，是很棒的進步。 |

## 笛飛兒老師的話

孩子，你該把你的聰明用對地方！世上總有許多誘惑，吸引我們走往最快速的捷徑。因此，除了聰明才智之外，你更需要擁有擅於思辨的大腦、長於觀察的眼睛、強悍堅毅的心智，以及誠實坦率的豐厚心地。

## 爸爸媽媽也想說

## 今天的笛寶貝

還記得前面描述的小哲嗎？總在遇到困難後跑去上廁所、喝水、找媽咪……。然而在一次又一次的引導小哲處理、面對問題後，現在的小哲已經完全不同了！

媽媽上回分享了小哲在家裡遊戲時的不一樣。因為想要訓練小哲比較靜態、專注的能力，媽媽買了一些拼圖，從五十片到五百片都有；小哲以前連五十片都拼不完，旁邊如果沒有爸爸媽媽陪他，大概三、五分鐘就喊無聊，然後跑去玩車、疊積木。而現在的小哲會幫自己設定目標：要把哪一幅拼完，並堅持到最後。現在小哲的最高紀錄是可以自己拼完二百五十片，一邊拼還會一邊念念有詞：「要放哪，要放哪……」媽媽說小哲真的不太一樣，長大了，也更可以面對挫折了！

記得上次的主題是「挫折容忍」（笛飛兒課程都會有不同的EQ主題），小哲跟好幾個孩子同組，一起努力要突破難關。順利的開始後，當然又遇到了考驗，一次又一次的失敗，讓整組的氣氛非常低迷，十分緊繃，這時小哲站起身（本來以為他又要去喝水了），一步一步慢慢走回自己的位置上坐好，在位置上看著同一組的

孩子繼續挑戰。老師趨前問小哲：「怎麼了嗎？需要幫忙嗎？」小哲眼神直勾勾的看向老師，那是一種鬥志還持續燃燒的眼神。小哲開口說：「我覺得好累，好多次都不成功，我要先休息一下，等一下再加入！」聽到小哲這麼說，真的很感動，因為小哲不是以舊有的習慣來迴避挫敗，而是能真切、勇敢的說出自己的心聲，更棒的是了解自己現在需要調適心情，並表達自己休息後將再度投入。

團體裡，孩子本來就都具備不同的特質，有些孩子很有英雄般的號召力，面對挫折時可以試著引導他：如何激勵自己也激勵別人；有的孩子具備謹慎的細心，面對挫折時可以引導他：如何面對失敗，找到致勝的關鍵；像小哲，一開始對自己的認識和覺察不夠透徹，不敢面對真正的自己，不敢面對失敗，而到現在他可以清楚的知道自己失敗時的變化。面對多次挫敗的沮喪心情，不但可以了解面對，還能知道讓自己休息轉換焦點，再更有效率的堅持原本的目標。

大概過了三分鐘，小哲又再度出發加入小組，最後一起挑戰成功。從原本的輕巧偽裝，到現在的坦然率直，知道自己的不舒服不但沒有逃離現場，反而待在原本的痛苦失敗區，學著與困境共處，看著一模一樣的場景和人，調適著會持續勾起的失敗情緒，重新出發，小哲真的變棒了。

每個孩子都有不一樣的特質和個性，光是挫折容忍，各個孩子的表現就可能有天壤之別，但當他們一個個成長了、突破了，這一瞬間，除了孩子為自己感到驕傲與得意外，旁邊看著孩子的我們，也在心底湧上一股無與倫比的驕傲！我們不要求每個孩子都一模一樣的棒，我們期待的是：每個孩子都可以做出「最棒的自己」！

# 4 不動如山型

## 老僧入定，風吹不動

蚌殼般的嘴巴，緊繃的神情，面對挫折時，這門派的高手肯定是火速退至一旁，不動如山的坐在戰局的外圍，不論怎麼邀他加入、誘騙他參與，都完全無效，「八風吹不動」是此派的武功核心要義。

# 媽媽的苦惱

我們家如如今年四歲，還沒去幼稚園，因為我和爸爸都認為孩子的童年只有一次，應該要讓她做自己想做的事。平常都是我或爸爸有空的時候帶她去博物館、美術館走走看看，想要多帶如如體驗不一樣的事物。

前一陣子，我帶如如去參加社區辦的活動，裡面有個遊戲是要把地圖軌道裡的彈珠滾到終點，成功的話就可以將彈珠帶回家。如如看到小小的透明球裡，竟然有那麼多不一樣顏色的彩帶，喜歡極了，興奮的吵著說要玩，我也讓她去試試看，但是這個遊戲對她來說好像比較難，玩了一次沒有過關，她就把地圖放到旁邊，癟著嘴坐在一旁，一動也不動地看著其他小朋友挑戰。我知道如如真的很想要彈珠，所以鼓勵她再去試一次看看，可是她搖搖頭，說什麼也不願意再玩一次。問題是，你問她，那我們走了吧？她也不離開，就這樣一直坐在那裡，說什麼都不答腔，眼睛直巴巴的看著那個遊戲，但又不去玩，也不肯離去！我就這樣在旁邊等了她一個多小時，硬抱起她，才心不甘、情不願的跟我去吃晚餐。

還有一次，我帶如如去公園，她看到跟她一樣大的小朋友，就跑去找他們玩，我和其他媽媽則坐在涼亭裡聊天，聊到一半轉過頭來，卻看到如如一個人坐在溜滑梯旁邊，癟著嘴巴很不開心的樣子，我問她發生了什麼事，為什麼不跟其他小朋友玩？她手穩穩的放在膝蓋上，搖搖頭什麼都不說。不說，不說我怎麼知道她怎麼了？就這樣癟著嘴，又開始像石像一樣給我坐著，拉她走她還會生氣，就是要坐在那邊當石像當到她滿意為止！我擔心她這樣的個性在未來會失去很多機會，也會遭到很多誤解，可是她什麼都不說，我到底該怎麼幫她呢？

——束手無策的如如媽咪

## 笛寶貝案例

年紀正逢幼稚園中班的小魚，個性有點害羞，剛進到笛飛兒教室時幾乎不太說話，也許是因為對陌生環境比較焦慮，課前當其他小朋友玩成一團，跑的跑、跳的跳的時候，就會看到一位小朋友，像石佛似的矗立在教室牆壁旁邊，動也不動的，讓人懷疑他跟其他孩子一樣年紀嗎？怎麼可以這麼安靜？這麼等待良好的在旁邊做準備？直到比較認識小魚後，才發現，「不動如山」根本就是小魚的招牌特色，而這個特色在小魚遭遇挫折時尤其明顯。

舉例來說，小魚剛加入遊戲課時，有一回跟朋友比賽疊積木，本來玩得好好的，結果突然聽到哐啷哐啷的聲音，小魚的積木倒塌了，他的臉色瞬間凝結，同時一邊慢慢地往後退，然後坐在一旁動也不動，只有大眼睛仍然一眨一眨的看著朋友繼續堆疊積木。老師靠近與小魚說話，小魚的嘴巴比蚌殼還緊，連個字兒都不吭，只是望著朋友們遊戲，想邀他再繼續挑戰，他卻旁若無人地假裝沒聽到老師的聲音。

## 笛寶貝解析

像小魚這類型的孩子在遇到挫折時總是瞬間變成僵直人，不曉得怎麼因應。還

記得小魚做了哪些事嗎？回想一下，印象最深刻的，應該就是怎樣都無法說服他開口、加入，甚至離開吧。這樣堅持到底的行為，屬於孩子的先天氣質，也就是說，小魚在先天氣質上，屬於**堅持度高**的孩子，因此當他決定要往哪個方向前進，或打算做什麼事情後，真的是八頭馬車都很難把他拉回，因此，當小魚決定他想獲勝時，請相信，他是真的很想獲勝，他也真心決定要讓自己獲勝，因此，他不肯離開。

這下問題就來啦，如果他這麼想贏，為什麼又不去做呢？

這個讓所有爸爸媽媽與老師都頭變大三倍的問題，我們或許可以在這裡先換個角度討論一下。你曾經決心減肥嗎？或是決心要早起？或是決定「可惡！我一定要戒掉蛋糕（香菸）」，一定要落實每天運動！那麼，請容許我們狠心一點的問你：你做到了嗎？是的，當我們換個角度來看，知道一個成人在「想要」跟「執行」上都出現這麼大的差距時，我們就可以不必用這麼苛求、這麼奇怪、這麼無法理解的角度來看孩子了。

為什麼小魚想要但卻不去做，有太多太多可能的原因了，他可能像前一個孩子一樣，擔心自己是笨的，也可能就是想不到別的辦法，或是突然間那強烈的失敗傷心感，席捲了他整個小腦袋瓜與小手小腳，所以他被罩住而無法動彈了！一個人的行為本來就有無數個可能的原因，甚至相同的行為，不同的人背後的原因也不會完全相同，這就是人最值得去了解、欣賞與探究的地方，不是嗎？所以，笛飛兒不斷的努力用每個孩子的立場去認識他們，因為每個人都是獨一無二的，有屬於自己的優勢，也總是有屬於自己的加強點。那麼，問題又來了！「試著去認識孩子，然後了解孩子」，但是小魚在遭遇問題時，總是半個字都不吭，發生事情就像石像一樣的坐著，難道我們真的要把他當媽祖一樣的「博杯」，來了解他到底在想些什麼？在乎什麼嗎？

挫折，是一個既具體又抽象的東西，每個孩子都遇過它、看過它、體驗過它，但是，究竟在孩子的小腦袋瓜裡，挫折是個什麼樣子，可就各有千秋了。因此，確定孩子的狀態與感受、思維、動機，絕對是引導孩子成長永遠不變的第一條路，永遠不要以大人的眼光去假想判定：「他就是在裝死」。請注意！我們的情感與思維永遠都在導引著我們的行動，因此，如果我們真心真意的覺得孩子就是在裝死，我們可能會採取的行動將會是「打到他醒過來」！但是，你知道嗎，孩子可能是在害怕、在膽怯、在徘徊猶豫，甚至在思考，如果在我們錯誤判定與錯誤行動的當下，我們不但離孩子愈來愈遠，也距離解決問題、引導孩子成長多隔了一條英吉利海峽的寬度。相信，這絕對不會是你所期待的。那麼，當孩子開始石化時，我們到底該怎麼辦呢？我們又不是考古學家！

## 笛老師的建議

爸爸媽媽可以在家裡試試看以下的簡單四步驟，若孩子還是一樣拒絕回應時，建議爸爸媽媽可以尋求專家的協助。

### 1 同理

同理是最好的敲門磚。爸爸媽媽可以使用溫柔的聲音問問寶貝：「你現在好『生氣』（任何我們感覺得到的孩子情緒詞彙都可以），是不是？」通常爸爸媽媽溫柔又打動孩子的話一出口，寶貝就會軟化了。如果孩子沒有回應，聰明如你，一定會換另一種情緒詞彙再試一次，對吧！

## 2 輕輕擁抱孩子（可以不用說話）

爸爸媽媽在同理完孩子之後，可以視孩子的反應，靠近孩子一些，輕輕抱一抱孩子，讓孩子知道，我們不只是關心他，也是跟他在一起的。藉由身體動作，給孩子支持的力量與信心，讓孩子知道，我們一直都很愛他，也願意幫助他。

## 3 溫和的問孩子想不想告訴爸爸／媽媽他怎麼了

經過前面爸爸媽媽的安慰（擁抱）和理解（同理），孩子會比較願意開口向爸媽表達他心裡的想法，我們就可以開始了解他的狀態，也請爸爸媽媽務必有耐心的等孩子開口，慢慢的訴說自己的想法與感受。

## 4 （等一等）傾聽孩子說的話（慢點回應）

像小魚這類型的孩子，因為面子比較薄，往往不能承受在表達自己想法時又立刻被批評，甚至根本不是批評，只是告訴他們怎麼做會更好的一些建議。如果我們好不容易讓孩子願意說出他的真實感受，卻說沒幾句，只因為我們的著急或期待，讓孩子又躲回殼裡，這不是很得不償失嗎？是要等個三分鐘，還是再等下一個三小時，親愛的爸爸媽媽，我想你們應該很有智慧的知道該做哪個選擇。

**同理→抱抱→溫柔詢問→傾聽**，這四個動作都是在輕巧但包容的氣氛下完成。

像小魚在課程中，從第一次等了快一個小時才開口，到第二次四十分鐘，第三次二十分鐘，願意幫自己想辦法的速度是越來越快了……

## 教養放大鏡

Yes（親愛的爸爸媽媽**可以**這樣做）

**①從互動中感受孩子的情緒，讓情緒成為破冰的橋樑。**正確使用情緒同理的句型：

☺小魚，你看起來好想哭，是不是覺得很傷心？

☺小魚，你現在很害怕嗎？媽媽（爸爸）可以保護你，好嗎？

②孩子面對情緒詢問時，若顯得不安或急著迴避，此時就不適合再詢問孩子情緒感受，建議給他們一點喘息的時間與空間，可以隔約十分鐘再做詢問。但請務必溫柔的在孩子身旁陪他，不要開始進行其他事物或板著臉孔。

No

（親愛的爸爸媽媽請**不要**這樣做）

☹孩子不承認挫敗（否定感受）時，勿直接戳破孩子的感受，硬要孩子此時此刻承認不好的感覺。千萬不要這樣做：你是輸了不想承認對不對？這麼小就這樣，後擺是會擹角（台語）喔！輸了就要認輸，不要再給我裝死。

☹急著幫孩子找話接話，使孩子無法學習表達內在想法。千萬不要這樣做：剛剛是不是沒接好所以掉下來？沒接好掉下來我們就接回去啊！是朋友弄到你？朋友弄到你跟他說啊！還是不小心跌倒？不小心跌倒就爬起來啊！

【提醒爸爸媽媽，每個孩子都是獨特的，本身的個性與遭遇的問題都不相同，上述教養建議有課程個案的脈絡限制，可能無法適用於所有狀況。】

## 課程日誌

| 課程堂數 | 觀察摘要 |
| --- | --- |
| 第一堂 | （媽媽陪整堂課）小魚今天在教室像個僵直人，對新環境感覺存在很多擔心，但課程進行約1小時後，小魚變得比較放鬆，最後有跟老師簡單的對話。 |
| 第二堂 | （媽媽陪整堂課）比較早放鬆（身體），會趨向有興趣的對象看在玩什麼，對老師也比較放鬆，可以接受老師距離三步說話，眼神偶爾接觸。 |
| 第五堂 | 小魚向媽媽要求自己進教室，進教室後又一個人很僵硬地坐在旁邊。在朋友的柔情邀請下，小魚和大家坐在一起。引導後今天加入遊戲約20分鐘。 |
| 第六堂 | 大部分時間眼睛都注視著現在進行的活動，朋友邀請的話會加入，但不主動動身。引導後可說出基本正向情緒，負向情緒不願表達。加入15分鐘失敗後，退到旁邊立刻抽離當下時空，不願再加入。引導30分鐘後可說出自身狀態。 |
| 第八堂 | 小魚主動邀請朋友一起玩（三次），幾乎整堂課都參與。遇到挫折會明顯僵住，朋友如果有好的對策，邀請嘗試，小魚會讓自己試試看，兩次後就不試了。（挫折容忍進步，仍須加強。） |
| 第九堂 | 小魚交到好朋友了，今天上課竟然主動找圓圓聊天聊到有點忘記現在該做什麼。老師提醒後小魚癟著嘴接受，詢問感覺能做出對應。負向情緒也可以在引導後表達，明顯進步。 |
| 第十堂 | 小魚帶了一張手繪卡片祝老師教室節快樂，沒上幼稚園的小魚，在教室每次畫畫時都說不會，請老師幫忙；現在竟然自己跟媽咪一起畫卡片、寫卡片，卡片都是小魚滿滿的心意。 |
| 第十一堂 | 新的生氣表達動作，手環胸＋癟嘴。（小魚對情緒的敏銳度提升了，以往只會壓抑著往後退，現在能夠面對情緒，而且有不同的情緒表現方式，是很棒的進步。） |
| 第十四堂 | 小魚今天發起跳一跳的遊戲，（老師引導後）公開向大家說明規則（公開表露），且能站在眾人面前多達1分鐘以上（承受眾人眼光），進步。 |

## 笛飛兒老師的話

孩子，我們可以選擇讓自己的世界停止不動，說真的，那並不難……但是別忘了，我們只能停住自己的世界，外面的世界還是會不停地往前奔跑，而我們與真實世界的距離，只會愈來愈遠。

## 爸爸媽媽也想說

## 今天的笛寶貝

印象很深刻，是在小魚即將準備上大班的時候，老師安排了一堂「挫折容忍」主題課程，想考驗小魚在一段時間後，許多能力都大幅提升的同時，耐挫力是不是也有不一樣的表現。一開始課程中，小魚看到這個新的挑戰、這個完全沒有嘗試過的任務時，眼神充滿擔心。以前的他總在這個時候，立刻啟動石化開關，變成石像當佛祖去了！但是今天的小魚不一樣了，他看看朋友、看看任務、看看老師，最後點點頭，答應了同伴的邀請，一起挑戰闖關。

你也覺得很開心嗎？小心，更難的考驗還在等著他們。當第一次的任務順利成功，所有人歡呼前進到下一關之後，小魚與他的伙伴們立刻掉入無止盡的失敗……第一次失敗，大家面面相覷，決定繼續；第二次失敗，有人哀嚎，小魚堅定說要繼續的聲音，瞬間凝聚所有人的注意；第三次失敗，已經有比較沒耐心的孩子在旁邊玩起掃堂腿，跑到一旁去翻滾，還有一些孩子對空氣發出悲鳴，不想再繼續挑戰了……這時候，小魚咬著嘴唇，眼淚盈眶的對老師說：「我們還要再試一次……」這一瞬間，你可以感受到小魚整個人都不一樣了，從原本困在身體裡為難自己的孩子，整個人只能僵硬面對突然的變化、突然的失敗，到現在他有力的眼神，難掩對失敗的傷心（另一個進步是傷心已經可以從心裡自然浮現，不再壓抑），卻又清楚地指認自己的目標，堅定說出他想成功的決心，能夠感受、表達並選擇積極努力的往前進，你也跟我們一樣感受到小魚成長的喜悅了嗎？

「沒有暗礁，哪能激起美麗的浪花」，小魚從原本面對失敗時的不知所措與坐困愁城，轉變成勇敢面對難題的小勇士。我們發現，儘管有各式各樣的孩子，唯一不變的是——當孩子發現挫折是通往成功的必經道路，學會堅持、學會思考、同時學會覺察和處理自己的情緒時，每個孩子在幾經挫折後的那抹燦爛笑容，是那麼強烈得讓人覺得，閃閃發光！

# 5 玉石俱焚型

## 寧為玉碎，不為瓦全

寧教我負天下人，莫教天下人負我，是這門派的最大特色。優先保護自己、捍衛自己，一旦遇到挫折，抱持著玉石俱焚的決心與態度，是每個入門者必先練穩的基本功。

## 媽媽的苦惱

不瞞您說，我最近已經快要被我們家小安氣死了。

小安脾氣很大，從小我跟爸爸一直不斷提醒他很多事情，感覺他現在長大（三年級）了一些，情緒的控制有好一點，但是每次遇到他不舒服的時候，表現都很極端，我實在非常擔心！

像有一次上繪畫課時，我看到小安本來跟朋友一起畫圖畫得好好的（一組畫一張），結果他朋友不知道跟他說了什麼，下一秒鐘小安就立刻變臉，把圖畫紙拿起來揉掉、丟到旁邊，然後一個人走到一旁，一副逛街的樣子，隨便走來走去。那明明就是上課時間，他應該好好上課，可是他卻完全不管老師，隨意起來走動，我在外面看了真想拿棍子揍人！後來我問老師發生了什麼事，老師說他的朋友說他畫錯了，是要畫水裡面的動物，不是畫船，還比別人畫的魚給小安看，結果小安就把與他人一起做的東西直接摧毀了……

下課後，我跟小安說下次就算生氣也不可以把東西直接弄壞，沒想到他竟然回

我說：「好啊，反正我下次也不會再畫了，大家都不喜歡我畫的，我乾脆不要畫了！」而且，「我只是幫大家把不好的東西弄掉，這樣他們才可以畫新的。」

你說讓不讓人吐血？到底是誰教他的？

還有一次我跟妹妹以及小安一起做勞作，結果不知道怎麼回事，小安突然開始亂剪一通，把作品全毀了！嘴巴還一直念：「這什麼爛東西……爛死了……」連我跟妹妹一起做的都弄壞了……那明明就是他的功課，我們是在幫他耶！妹妹都被嚇哭了，我問他在做什麼，他竟然擺出一副無所謂的樣子，態度很隨便的跟我說，又沒關係，反正老師又沒有說一定要交。

我真的很搞不懂他，為什麼一不如意，就把所有東西都毀掉，還擺出一副無所謂的樣子。我跟爸爸已經快要受不了他這樣子了，該講、該教的我都講了、教了，甚至爸爸還因為他這種無所謂的態度氣到動手扁他，軟的硬的都用了，可是好像都沒什麼用！

說實在的，每次他一擺出那種無所謂的樣子，我就快被氣炸了，到底要怎麼樣才能讓小安不要再這麼「極端」？

對了，連爸爸打他的時候，很明顯的他會痛，但是他還是會擺出一副沒在怕、不在乎的樣子。他為什麼會變成這樣？這麼倔強到底能得到什麼好處？只是讓我跟爸爸更生氣而已！

——火冒三丈的小安媽咪

## 笛寶貝案例

剛認識小勇的時候，他大班。
桀驁不馴的臉，配合骨碌碌的大眼睛，感覺是個聰明、很有主見、不容易被說服的小孩。

那天的遊戲主題是「溝通」。一開始對環境的陌生，讓小勇有些緊張，但是過不到五分鐘，小勇已經在教室裡如魚得水般，開心的與一旁的新朋友聊天、嬉戲。遊戲不斷進行，突然間，小勇發現自己在比賽的時候搞錯了，一做錯的瞬間，他馬上嘟嘴、丟筆、轉身走掉，三個動作一氣呵成。小勇不玩了！就因為他在一個小小

的地方搞錯了。

那時候的小勇，對於失敗看得很重，只要在進行任務時無法得到滿意的結果，他的標準動作就是：立刻雙手抱胸，一臉生氣的把臉別向旁邊，只維持眼角餘光斜斜的看著其他人，然後大聲的說：「我不同意，哼！反正你們不同意我，我也不要同意你們！」寧可破壞全部的關係，一起得到最壞的結果，也不接受自己的期待與預期無法達成，這就是強烈的小勇。

甚至有些時候，也不見得真的發生了什麼令人生氣的事，只要小勇覺得其他人好像相處得很快樂，討論得很熱烈，而自己卻沒有參與到，這樣的孤單感，就可以讓小勇在玩遊戲時故意踩到陷阱、蓄意失誤，刻意讓整個團隊得到壞結果，整個組別也因為他而產生了關鍵性的壞變化。然後在別人憤怒、生氣的時候，小勇則一臉無所謂的樣子，在旁邊踩著自己的方步，偶爾跳跳格子，一臉愜意的享受著自己的悠閒時光。

因此，沒多少時間，小勇剛剛才交到的朋友就全部氣炸了，指責的指責，怒罵的怒罵，而小勇呢，他可沒在怕，一副「就等你來啊！」「誰怕誰啊？」的態勢，所有關心他的人無不因此而擔心、憔悴。

## 笛寶貝解析

發現了嗎，「寧為玉碎，不為瓦全」就是小勇一開始的寫照。只要他感覺周邊環境、人事物哪個環節讓他受挫，除了馬上放棄之外，還抱持著一種「既然我不舒服，就一定也要讓別人不好過」、「我做的不好，其他人也別想給我做好！」的態度。面對小勇強烈的自我主張，不服輸又不合群，在過程中不斷幫自己樹敵的情況，我們在課程中，一次又一次的，帶著小勇面對自己、面對朋友、面對目標與解決問題。

為什麼小勇要這麼為難自己，難道他不曉得這樣跟別人拚了，最後只會陷入「我讓你不好過，你也不會讓我好過」的負向循環嗎？

他知道，但是，他也不知道。

**他知道**，不過是等到全部的人都討厭他，不跟他玩了之後，他才突然發現「糟糕！」原來自己把所有人都得罪光了，這時候小勇只剩兩個選擇，一是勇敢向其他人認錯；另一個是繼續假裝自己超強的，根本一點也不在乎。

**他不知道**，是因為像小勇這類型的孩子，常常跟別人一起毀滅了，享受了破壞快感後，會轉用自欺欺人——「我不在乎」的方式來說服自己：其實沒朋友也很好，大家都來罵自己也很好，不能完成任務更好，因為那個任務真是又笨又爛透了！

久而久之，小勇真的也搞不清楚到底自己心裡是怎麼想的，究竟是不在乎自己都沒朋友，什麼事都沒做好，還是一切都只是逞口舌之快的結果。不過，所謂的自欺欺人是絕對存在的：騙別人騙久了，一定連自己都騙過去。對大人而言如此，對孩子來說也是一樣。

## 笛老師的建議

所以當爸爸媽媽發現孩子遇到挫折，選擇讓自己不好過，同時也讓別人不好過時，可以怎麼辦呢？以下給爸爸媽媽幾個建議：

## 1 澄清自己（爸爸媽媽）的情緒

想到孩子在情緒當頭拚命的樣子，那副想讓身邊人也一起玉石俱焚的毀滅感，相信在旁邊的爸爸媽媽除了心疼之外，恐怕也常伴隨著生氣的感覺，可能氣孩子的態度，也可能憤怒孩子說話的內容……。其實要在第一時間不被孩子激起情緒，真的是很難很難的。

笛飛兒提醒爸爸媽媽們，發現自己快被激起情緒時，可以先幫自己喊卡，問問自己為什麼生氣，究竟是孩子要生氣，還是我們自己要生氣？如果原本是「孩子生氣」，而孩子已經快要激怒我們的時候，請將孩子的情緒和自己的情緒分開來，甚至可以明白告訴孩子：「我已經快被你惹火了！」一旦劃清情緒的界線後，爸爸媽媽就能以比較客觀的立場來幫助孩子。知道孩子生氣，也知道他在生氣當下可能會口不擇言，因此我們可以選擇先忽略這些不適當的言語（提醒爸爸媽媽，這只是一個過程，短暫的忽略是為了引導孩子成長，並不表示我們要接受孩子這樣講話是對的，等時機適當時，當然要引導孩子學習用更好的方式來表達自己，以及解決問題）。切記：了解孩子行為的原因，能幫助我們對孩子的判斷與感受更加中立客觀，

而這也是引導孩子成長永遠不變的第一步驟。

以笛飛兒的經驗為例，老師除了冷靜回應之外，同時也要保持對孩子的熱情與溫暖，並在表達的過程中，點出事實，讓孩子知道該去思考、探究與反省的關鍵點為何，再隨著每個孩子的不同反應，引導他們走出思考僵局與行動陷阱，讓小朋友深切知道自己行為的對與不對，並能在支持的力量中勇敢面對自己，勇敢跨越。

### 2 溫柔而堅定的話語（語氣）

「我知道你很傷心（可替換成生氣、難過、討厭……等情緒詞彙），但是你講這些話一點幫助也沒有，只會讓我想對你生氣。如果你好好的跟我說，我比較願意跟你討論。」延續我們剛剛提到的第一步，用清楚的言語表達，釐清自己與孩子的情緒之後，爸爸媽媽可以站在比較客觀的角度看待剛剛發生的事。當我們比較客觀之後，就可以跟孩子進行更理性的溝通，以同理＋溫柔但堅定的語氣陳述事實：你的反應會讓人想生氣。清楚表達之後，再給孩子正確的概念：我很願意聽你說，但必須是你先拿出好的態度。當孩子發現原來自己的情緒可以被接納，只是在情緒表達策略上出了差錯時，孩子會更願意改變自己原本選用的不當方式，然後面對自己的情緒，找到解決問題的方法。

## 3 複述孩子的話語，理解孩子的想法

若孩子開始選擇好的方式表達，請務必先聽孩子說；可以是靜靜的聽，也可以用簡單的話重複孩子的意思。例如，笛飛兒老師最常複述的形式大都是：「你覺得很生氣（關心孩子的情緒），因為剛剛你說話我沒有聽到（關心孩子情緒發生的原因）！」讓孩子感受到好的表達方式是會被接納的，他就會更願意繼續使用好的方式來表達。藉由複述，澄清與理解孩子的想法，讓孩子覺得被接納，進而可以持續使用好的情緒表達方式。

## 教養放大鏡

Yes（親愛的爸爸媽媽**可以**這樣做）

喊「卡！暫停一下！」分辨孩子的情緒與自己的情緒。問問自己：

**辨識情緒**

☺孩子現在是什麼感覺？

☺我自己又是什麼感覺？

**釐清情緒原由**

☺為什麼孩子會有這種感覺？是什麼原因呢？

☺為什麼我會出現這種感覺？是什麼原因呢？

No

（親愛的爸爸媽媽請**不要**這樣做）

☹**面對孩子不適當的行為時，立即嚴厲制止（未釐清孩子行為產生的前因後果）。**千萬不要這樣做：現在是怎樣？欠打是不是？（棍子同時拿出來）你要這樣鬧我就揍你，揍到你知道什麼叫做生氣！（孩子並未學會辨識情緒，但卻因為威脅而出現更大的害怕來取代原本的情緒。儘管孩子安靜下來，卻永遠不懂得管理情緒——除非又被更大的恐懼所取代，但這樣只是讓孩子的情緒環環相疊，因此更無法面對問題，更深陷情緒的困擾中。）

# 課程日誌

| 課程堂數 | 觀察摘要 |
|---|---|
| 第三堂 | 口語表達極佳，但往往逞口舌之快只為了遮掩自己被別人識破、或被別人指出不厲害的地方。討論20分鐘後，小勇承認一開始的時候他有生氣（後面接了許多可是）。 |
| 第四堂 | 反應強度大與口語表達佳，會是小勇的優勢與致命傷。今天一堂課都吵了三次架，每次焦點不同，強度也越來越小、討論時間縮短（約3-5分鐘可切入正題）。 |
| 第五堂 | 小勇有高度觀點取替能力，能快速對應爭執中對方的想法，一擊必殺讓對手知難而退。引導學習協商技巧後，小勇較能清楚先指出自己的立場（不是一直說對方不對、一直要讓對方知道錯）。 |
| 第八堂 | 說得多不如說的巧，今天跟小勇討論滔滔不絕與言簡意賅各有什麼好與不好，小勇若有所思決定要精簡自己的話。 |
| 第十堂 | 小勇今天清楚表達：你剛剛說……讓我覺得很生氣……。跟以前他覺得不舒服一定要立刻罵回去、你罵我我就罵得讓你更知難而退的情況，相較之下有非常大的進步。然仍需調整表達的態度。 |
| 第十二堂 | 踢到鐵板。小勇遭遇許多挫折，本想拿同組人開刀，沒想到冠冠也不遑多讓的回嘴，讓小勇發現自己情緒無法管理好，也將影響同組人的情緒，沒有人願意失敗了還一直被怪罪，而且罵到最後你亂亂、我亂亂，大家亂成一團事情根本無法解決。討論25分鐘後，整組重新出發，最後成功。 |
| 第十三堂 | 明顯進步。小勇懂得在情緒發生時先運用情緒管理策略稍微管理情緒，隨即為達成目標，尋求周圍協助（不會亂拿別人開刀）。可再引導找尋失敗關鍵能力。 |
| 第十五堂 | 主動協助他人。發現同組有人不會，能夠主動協助，並在提醒之下願意給學習者空間自己試試看，最後分享對方在他口語協助下，完成任務的喜悅，小勇真的變棒了。衝動控制進步，找到好的管道發揮口語表達才能。 |
| 第十八堂 | 小勇說：別人說自己不對有什麼關係，知道不對才能改進，我以前也會因此生氣，現在比較不會了，但有時還是會啦。 |

## 笛飛兒老師的話

孩子，請不要對世界冷漠，因為世界就像鏡子一樣，你給了它什麼，它就回應你什麼。是的，有時候鏡子的反應可能慢了點，但是它的對等回應，幾乎沒有例外。對著世界微笑，世界也會為你微笑，所以，請放掉你那緊皺的眉頭、刺蝟般防衛的尖刺，好嗎？

## 爸爸媽媽也想說

【提醒爸爸媽媽，每個孩子都是獨特的，本身的個性與遭遇的問題都不相同，上述教養建議有課程個案的脈絡限制，可能無法適用於所有狀況。】

## 今天的笛寶貝

現在的小勇，在面對挫折時的表現已經不太一樣了。今天的課程是「領導與協調」，孩子們必須在遊戲中學著領導團隊，也在某些時候接受別人的領導指揮，並在發生衝突時，試著勇敢表達自己的想法，協調自己與對方不同的意見。有一次，在一個不屬於小勇領導的時候，小勇被派往了他最討厭的區域，不！說錯了！是只要是孩子都會討厭的區域。那個位置，沒有人喜歡，但一定要有人在那裡。小勇在接到指令後，在原地躊躇了好一會兒，眼神焦躁地看看老師，看看自己的腳，右手的拳頭握了幾握，很顯然的，他對自己被派往的任務非常不滿意。以往的小勇，遇到這種不滿意的狀況，是完全沒辦法承受的；他不會大喊，也不會生氣，但是他會

立刻到處搗亂、故意破壞別人的成果，使用這種負向、攻擊的方式來表現自己的不滿。

但是這次，小勇不一樣了，他看了看旁邊的朋友，自己歪著頭想了想，幾分鐘後，他勇敢的承受了這個糟糕的爛任務，想辦法去面對麻煩並解決問題。甚至在過程中，還有其他孩子對小勇的不幸任務發出笑聲，但是，小勇繼續著自己的目標。他已經知道，別人在說什麼，不表示自己等於什麼！所以，不需要因為別人的訕笑或動作，而憤怒，而介意。

這次的沉著面對，我們看到小勇已經漸漸知道自己的目標究竟是什麼，重點是完成任務，不是發洩不滿。也可以在主動思考後，發現到雖然某些過程無法那麼完美順利，但只要重新調整步伐，找到對的方式來解決，仍然可以成功達成目標；但是如果立刻放棄、不做，永遠都不可能成功。小勇開始擁有堅定的正向思維，並帶動著積極有益的行動，幫自己開創真實的成功經驗。

在另一堂課中，小勇驚人的進步是：他越來越能夠掌握目標關注的焦點，且能把自己原本對勝負的執著，從自己身上（我自己有沒有做好、我沒好其他人也不准好）轉到團隊目標與榮譽（大家的共同目的在哪裡？我雖然沒有好，但是我可以想辦法讓大家好），將小我融入大我中。那天笛飛兒老師特地安排「挫折容忍」的主題，在這堂課裡，我們會讓孩子不斷、不斷地面對失敗，通常耐挫力較差的孩子，大概不到半堂課就需要有老師引導。當天，小勇跟其他四位小朋友同組，失敗第一次時，大家還興致勃勃決定重來；又失敗了第二次、第三次、第四次……，已經有一半的人都快放棄了，小勇竟然主動跟老師說：「我們還要再挑戰！」爾後轉身跟同伴說：「我們來討論一下……」然後跟同伴們嘰哩咕嚕了好一會兒，又再重新挑戰一次……結果，他們真的在討論後找到過關的秘訣，順利闖關成功。

你看，小勇從原本耐挫力不佳，每次失敗都一定要拖別人下水（我不好，你也別想好），進步到可以鼓勵同伴再來一次，甚至可以在作戰前先擬定作戰計畫，跟朋友們一起邁向成功，小勇真的是大蛻變了！

# 6 情緒崩潰型

## 風吹草動，聲嘶力竭

星星之火，即可充分燎原。此門派高手的最大特色，就是能夠將小小的挫折經驗，放大、放大、再放大，把情緒的張力拔到那山巔的最高峰，然後洪水爆發似的，一發不可收拾。

## 媽媽的苦惱

我們家Peter是真的滿聰明的，上課的時候老師都說他很能舉一反三，平常對人也滿有禮貌的，但是，他有一個地方讓我非常傷腦筋，就是他在遇到「輸」的時候，整個人就會開始大哭大鬧，勸也勸不聽，而且有時候那種輸，我真的不知道到底有什麼好在意的？就連上廁所爸爸比他搶先一步，他也可以抓狂！

不只在家裡會這樣，學校老師也經常跟我提到Peter的這個狀況，為了幫助Peter，我開始找一些方法教他，希望他可以好一些。我告訴他不用這麼在意別人，自己努力、進步就好，當下跟他說他都能理解，也知道應該怎麼做會比較好，可是下一次再遇到一樣的情形時，他又好像全忘光了，故態復萌，一覺得自己輸了就會有很大的情緒反應。我想，Peter都已經小一了，比不贏時這麼情緒化，長大該怎麼辦。

像之前剛帶Peter去上才藝課，每次下課後我通常會讓他跟其他同學玩一下再回家，才藝班的老師也會請孩子在離開教室前把玩具收好，我覺得這樣的規定

滿好的，可以讓小朋友養成玩完玩具要收拾的習慣。可是誰知道老師一說：「要收玩具囉！」其他小朋友的動作滿快的，一下子就收好了，我當時心裡就有點擔心Peter的狀況，因為他手腳本來就比較慢一點，卻又喜歡跟別人比賽。果真，當Peter看見其他小朋友收完的下一秒，就開始抱著他收玩具的桶子嗚嗚嗚的大哭起來。看見Peter這個樣子，我心裡想：「天啊，又來了！只不過是收個玩具比別人慢，為什麼要有這麼大的反應呢？」

其他的家長跟小朋友都在看他，我真的不懂到底是發生了什麼事情，可以讓他這麼傷心！雖然覺得很無奈，也只能走過去好聲好氣的跟Peter說：「沒關係啦，旁邊還有很多積木，你趕快幫自己收完就好，他們比較早開始收，沒關係啦！」誰知道我不說還好，我一說完Peter哭的更大聲。像這樣的情況常常上演，我真想自己跟他一起哭算了！

我們不可能什麼都贏過別人嘛！他這樣什麼都要比，比輸了還要哭很久，反應大又說不得，我到底要怎麼教，他才會知道，輸了也沒什麼關係，不需要反應這麼大呀……

——萬般無奈的Peter媽咪

## 笛寶貝案例

認識德德是在他二年級上學期，接近學期中的時候。

德德是個瘦瘦高高、擁有帥氣臉龐、令人第一眼看到就會喜愛的孩子。我想你也懂，可愛就是真的比較惹人愛，再怎麼大叫不公平，人性就是這樣子。因此，德德身邊的大人都很疼愛他，對於德德的要求，只要還算合理，都會盡量的答應與滿足。想當然耳，德德自我表達與主張（提出要求）的能力，在經年累月的練習下，已有相當不錯的水準。說得簡單一點，就是德德很知道自己要什麼，而且很懂得開口要，很會講！

一開始進到班上，德德討喜的外型，配合彬彬有禮的態度，很快就幫他交到朋友。而在課堂上，常會看到老師問問題的第一時間，德德飛快舉手回答；幾乎每次的上課，德德都是最捧場的那一位。有禮貌的互動與在課堂上的好表現，讓德德進班的前幾週，逐漸變成同學們爭先邀請的人氣王。但隨著課程的進行，與德德的接觸愈深，他的耐挫力問題開始浮現，到第五、六堂課時，便可看到德德幾乎一遇到

失敗，先前不管是禮貌先生的形象，還是好聲好氣說話的棒小孩表現，都會在瞬間瓦解。面對失敗能力的薄弱，讓德德第一時間贏來的友誼，在後續的相處中不斷地受到考驗，像是合作時的不合意，德德能好聲好氣的說一次，但只要再遇到一次問題，德德就會直接去旁邊找老師，或乾脆爭取換伙伴，甚至挫敗經驗深刻一點的，德德直接就崩潰了……

記得在一次主題是「訊息解決與澄清」的課程中，德德判斷錯誤，但在公佈答案前，他已經聰明的發現自己就要輸了，一意識到這件事，一張小帥臉馬上垮下來，退到教室最角落，像陰影一樣的站著，不特別注意去看，搞不好還可以看到天花板上有幾片落葉憂愁的飄落哩！然後，事實證明真的輸了的當下，德德的眼淚馬上進入重力加速度模式，哭泣聲夾雜著咆哮聲：「這是什麼爛題目」、「怎麼會出這樣的題目」、「我不要玩了」、「我以後絕對、絕對都不要再玩了！」一邊狂吼著以便宣洩難以釋懷的巨大情緒、一邊逃出教室大門的德德，誓言不想再看到這令他難堪的場景，而所有在場的人彷彿都是見證他失敗的可惡之人。

當笛飛兒老師跟德德爸爸分享課堂表現時，爸爸點頭如搗蒜的說：「是啊，他在家裡都這樣，剛進到學校還控制得住，可以很乖。但像現在，比較熟了之後，他常常會這樣……這個問題已經大到我跟媽咪都不知道該怎麼辦才好，而且……我有點擔心德德這樣的表現，會延伸影響到他的朋友關係……我現在看到他都是第一時間能交到很多朋友，可是後來……他就會開始跟我說誰很討厭、哪個人又怎麼樣的……我真的是也不知道該怎麼辦才好……」

## 笛寶貝解析

德德面對挫折時的情緒崩潰，相信家裡有德德這類型小孩的爸爸媽媽們，一定很能感同身受。到底寶貝情緒爆炸時，爸爸媽媽可以怎麼做呢？好好跟他說？跟他一起爆炸？請他自己去房間安靜一下？請他冷靜？……

這麼多的辦法，究竟哪一種適合德德？

要知道哪一個辦法適合，我們就要先一起來看看德德為什麼會情緒爆炸。

從德德的反應來看，他屬於先天氣質上情緒反應強度大的一群，這類型的孩子

往往被譽為性情中人，開心的時候大聲笑，哭的時候也淅瀝嘩啦的大聲哭。這是他們與生俱來的特色，只是往往也因此讓身邊的人嚇一跳，因此可能會試著安撫情緒或幫忙解決問題。這樣的過程讓孩子發現，發過情緒之後，原本引發情緒的問題不見了，因此他們很快就掌握到：**發脾氣＝解決問題**，久而久之，孩子就會不斷的使用這個有效的策略。

所以，像德德這樣的孩子，一遇到失敗就有非常大的反應，建議爸爸媽媽可以跟笛飛兒的老師一樣，先保持冷靜，掌握引發孩子情緒的原因，如同《當孩子情緒的魔法師》（遠流出版）書中所提到的幾個要素，同理加上冷靜回應：「我知道你覺得很討厭（同理），但是這樣子讓你討厭的事情也沒有解決（冷靜回應），如果你可以好好說，我很願意跟你一起想辦法（給孩子一個可以下的台階）。」讓孩子可以使用更好的情緒表達策略。

引導孩子的時候，請務必留意：孩子的社會經驗比我們少得多，所以，孩子比我們更容易在原始本能與社會規範間拉扯、猶疑。深層的道理，每個字都很睿智，是的，但是沒有歷練的孩子，感受不到字裡行間的智慧。孩子有理智的時候，道理都背的出來：生氣要好好講；大聲罵人是不對的；打架不能解決問題，只會把旁邊的人都激怒……但是孩子在情緒高漲，理智out的情況下，比成人更難有夠力的意志，壓抑情緒爆發。當然，不管是孩子還是成人，壓抑是完全無法解決問題的。

還是要再重申一次：同理是最好的敲門磚。透過同理，孩子知道爸爸媽媽理解他；透過同理，孩子知道在身體裡面一直拉著自己行動的力量是什麼，也因此，更能夠面對自己與管理自己。看著孩子情緒爆炸，相信爸爸媽媽的情緒與腦袋也瀕臨爆炸，但是請試著穩定自己，先別急著說教、忙著管教，請先關注孩子的情緒，表達關心。放軟身段，不代表爸爸媽媽投降了，能夠愛孩子又不被孩子的情緒影響，做好情緒獨立，那才是EQ真功力！

## 笛老師的建議

讓我們來逐一解釋每一個步驟：

## 1 冷靜

孩子出現情緒狀況時，我們一定會被影響。尤其是我們對孩子的愛愈深，我們與孩子情緒共鳴的程度一定愈大。聽過母子連心的心電感應嗎？是的，這其實就是一種情緒共鳴的最大化現象。但是，不需要確定是否擁有最大化的情緒共鳴，在日常生活的一言一行、舉手投足間，我們與孩子的情感早已深深相繫，這顯示我們與孩子的愛與聯繫。但也因此，當爸爸媽媽要面對孩子的情緒狀態，需要保持冷靜的態度理性回應時，必將面對更高難度的挑戰。但是無論如何，要引導孩子學會情緒管理，我們就一定要設法保持情緒不被影響的獨立狀態——冷靜，讓孩子知道這是屬於他的問題，而不是爸爸或媽媽的問題。只是，要如何在孩子有情緒時保持冷靜的引導，當孩子需要愛時保持熱烈的回應，這真的是非常難以拿捏轉換的平衡點。因此，爸爸媽媽其實不需要這麼感嘆笛飛兒老師為什麼總是可以保有這麼專業的平靜，因為實質上來說，我們與孩子的情感嵌合度，絕對不可能比爸爸媽媽多，也因此以困難度來說，老師們倒是占了不少便宜。

## 2 同理回應

當人處在情緒狀態時，無論大人或小孩，我們大腦神經系統的基本設定便是，情緒可以第一時間取代理智，因此太生氣或太傷心時，我們常常會詞不達意，自己都不知道自己在講什麼。所以，當我們引導孩子適當的表達自己的情緒或狀態時，可以溫柔的詢問孩子：「所以你現在很生氣嗎？……」「他拿走你的玩具讓你很傷心嗎？……」像這樣具有同理心的回應，便是很好開始，孩子也會因為感覺到被理解、被支持，而能夠更正向的面對困難與挑戰。

## 3 澄清問題並解決

引導孩子面對情緒，解決讓自己困苦的問題，另一個難處便是：有效的澄清問題並加以解決。當一件問題發生時，總是有好多不同的事件與原因彼此交織，因此要釐清這些不斷發生的時間、人與人的互動、事件的進行程序與環節，找出哪個關鍵點是真正應該注意的重要線索，並抽絲剝繭的拉出關鍵問題來解決，絕對是非常困難卻又無法取代的環節。聽過這樣的描述嗎：「因為他們覺得我太聰明了，太嫉

妒我，所以故意要害我。」這就是標準的問題失焦語句，也因為問題失焦，處置方式絕對不可能適當，因此生活中的挫折與困難也就會愈來愈大，不可能愈來愈小。所以，當孩子引發情緒問題時，我們可以溫柔的告訴孩子：「我們一起來看看什麼地方讓你生氣」、「比賽輸了讓你生氣，那我們一起動腦筋想想看為什麼比賽會輸」、「喔！你發現題目太難所以比賽輸了，那你覺得怎麼做可以讓比賽贏回來？」帶著孩子一步一步的釐清問題，發現解決關鍵並試著解決，孩子才能在過程中不斷的學習如何管理自己，包括管理好自己的目標與情緒。

簡單說，就是以一種循序漸進的方式，在生活的過程中，在每一次情緒事件的機會裡，帶著孩子去了解自己感覺到什麼、面對到的問題是什麼、有沒有更清楚而溫和的表達方式，以及不要再被情緒押著走，當情緒的小奴隸，試著想辦法做自己的主人；這樣帶著孩子正視困境，一起動動腦、想想看，思考是不是有什麼更好、更有效的辦法可以解決問題。不斷重複這樣的過程後，「好好說」的方式會漸漸取代原本爆炸式的情緒反應，孩子也將越來越可以面對挫折。

## 教養放大鏡

**Yes**（親愛的爸爸媽媽**可以**這樣做）

**①表達對孩子情緒的理解。（記得先讓自己保持客觀冷靜喔！）**

☺面對情緒高漲的寶貝，不要以為三、五分鐘內一定可以解決孩子的問題，建議要有心理準備，這可能會是一場消耗戰，也有可能演變為長期抗戰。

☺激烈情緒狀態下，不要跟孩子曉以大義、促膝長談，研究已經清楚的告訴我們，高情緒狀態下的人類沒有理智。

☺你可以這樣對孩子說：因為剛剛……（發生的事情），所以你現在很傷心對不對？

**②在孩子情緒愈趨緩和後，回頭邀請孩子解決問題（重返問題現場），讓孩子知道一個原則：即使發完脾氣，還是要解決問題。**

☺你可以這樣對孩子說：（溫和）我知道你很傷心，因為你失敗了。但是我希望你再試試看，我相信你可以做得到。

**No**

（親愛的爸爸媽媽請**不要**這樣做）

**①孩子情緒一爆發，就立刻為安撫孩子的情緒而無條件答應孩子的要求。**

☹千萬不要這樣做：這有什麼好傷心的！不要哭了，剛剛出門不是說要吃壽司？走！媽媽（爸爸）帶你去吃你最喜歡的壽司。（這樣的互動模式容易讓孩子在無形中養成：我只要變可憐就會有糖吃的教養陷阱。）

**②見孩子情緒一來，立刻板起臉孔（以更高壓的教養方式）要孩子馬上停止。**

☹千萬不要這樣做：你現在最好趕快閉上你的嘴，不要再哭了，否則等一下你會哭得更慘（同時間抽出棍子，或其他武力恐嚇方式）。（這樣的互動模式容易讓孩子感覺：好恐怖喔~我不敢反抗，還是先不要哭好了，將情緒一股腦地往肚裡吞。但是因恐懼而終止的哭泣，絕對不等於孩子已經學會處理原本的情緒事件，更因為恐懼的冷靜，讓孩子學會忽視情緒、壓抑問題，甚至是混淆情緒，導致未來無法針對情緒作正確的處理與抒解。）

【提醒爸爸媽媽，每個孩子都是獨特的，本身的個性與遭遇的問題都不相同，上述教養建議有課程個案的脈絡限制，可能無法適用於所有狀況。】

## 課程日誌

| 課程堂數 | 觀察摘要 |
|---|---|
| 第一堂 | 德德在教室外就跟媽媽展開拉鋸戰：為什麼沒先跟我說就帶我來？為了這件事情爭執了30分鐘，老師介入處理15分鐘後結束。堅持度高、相當有自己的原則和想法，但對外界（爸爸媽媽以外的人）有時會不想／不願表達。 |
| 第三堂 | 堅持度高，清楚自身想法，卻無法接受與自己不同的聲音。一定要別人照自己的想法做（但自己表達不清楚）。課程中因此與他人發生爭執，跟德德個別處理30分鐘後，德德接納對方有自己的想法。 |
| 第四堂 | 課後回家請媽媽讓他多玩一些時間，媽媽同意，但最後德德賴皮。與媽媽跟德德處理20分鐘，請媽媽回家後持續配合今天討論的事項。 |
| 第五堂 | 明顯進步。德德能在他人想法與自己不一致時表達自己的意見，雖然仍會有情緒，但態度上已是願意溝通，有彈性的。媽媽說連爸爸都感覺到德德有明顯進步（比較能講道理）。 |
| 第八堂 | 罩門：挫折容忍。德德堅持用自己的辦法嘗試過關，試了五次，眼看旁邊的人都過關了，越試越急，最後大崩潰。個別處理約30分鐘後同意想別的辦法試試看，一試即過關。 |
| 第十堂 | 對人的興趣明顯提升。以前會看別人玩，現在會邀別人玩。發現對方不講理時，可以尋求權威者協助，並試著用好的方式與對方溝通（我再3分鐘就要離開，球是我先玩的，3分鐘後你就可以玩了）。 |
| 第十一堂 | 衝突協商，發現好好說卻很難說服大家，大家都堅持己見，德德崩潰大叫，個別處理20分鐘後德德跟大家道歉，並且請大家正視須一起過關的目標。（進步） |
| 第十二堂 | 發現德德對情緒詞彙認識明顯進步，基本情緒、較複雜的社會情緒，都能對應出相關聯的經驗，也能主動提出解決辦法，是很棒的進步。 |
| 第十五堂 | 晚進教室，發現所有人都已經要過關了，自己還不知道要怎麼玩的時候（以前會翻臉），竟咚咚咚地跑到朋友面前問：你們在幹麼？我可以加入嗎？辨識情緒、管理情緒並設法解決引發情緒的問題，德德變棒囉！ |

## 笛飛兒老師的話

被情緒淹沒永遠很簡單，這叫做人性。但是如果你能掌握住那片驚濤駭浪，孩子，你將發現駕馭其上的自己，是一個多麼自在無畏的勇者。

## 爸爸媽媽也想說

## 今天的笛寶貝

原本一遇到挫折情緒反應就很大的德德，透過課程的磨練與引導，漸漸改變原先面對挫折的方式。當天德德又遇到了困難的問題——到底是要選A，還是選B？德德蹲坐在自己的位置上，一臉愁苦的模樣，思考著答案到底是A還是B，想了老半天，德德終於確定了心中的答案，舉手回答說他要選B（其實這個決定對德德來說已經是一大進步了，因為他讓自己勇敢的做決定、做選擇。以前的他在這種兩難情境裡是會立刻放棄而不敢選擇的，並展現強烈的情緒）。不幸的是，最後老師公佈正確答案是A，德德聽到答案那一刻，臉部表情從期待立刻轉變成驚訝，最後明顯呈現僵硬（在心裡掙扎著：要罵人也不是，要哭也不是），整個人非常的緊繃，抿緊下唇，連身體好像都花費很大的力氣在僵硬（而不是花力氣在彰顯崩潰的情緒），靜默二分鐘後，德德逕自起身說：「可惡，為什麼答案不是B？」隨即在位置上沉默不語。約莫十秒鐘之後，德德勇敢地站起來問老師：「請問我可以再回答一次嗎？」

德德的表現讓在場的老師都為之驚豔，因為德德原先對任何事皆抱持完美主義的信念，不容許自己犯任何錯，再加上德德本身面對情緒時的反應很大（德德是屬於先天氣質反應強度大的孩子），以及過往的許多經驗累積，讓他養成了用情緒爆炸來解決問題。只要德德一爆炸，問題也瞬間蒸發（像是在旁邊的爸爸媽媽看了心疼，就趨前去幫德德解決困難，雖然當下爸爸媽媽還是會跟德德說可以怎麼解決，但是對德德來說，更清楚感覺到的，是情緒爆炸之後，輕鬆化解問題的感受）。久而久之，德德對於不順心、不如意的事，就會使用情緒爆炸的策略。然而，隨著年紀增長，遇到的問題難度也相對提高，可想而知，德德情緒爆發的頻率更是有增無減，加上他身旁的人幾乎都無條件妥協，更讓德德養成了使用情緒爆炸的方式來處理問題的習慣（而另一個德德看不見的是：他的壞習慣讓自己無法面對挫折，加上問題解決能力的低落，又更弱化了自己的能力）。

不過，現在的德德已經不再是以前的火爆小子了！他已經能更完整的掌握自己，也能更完整的勇敢面對真實的困難與問題，懂得辨識自己的情緒，用溫柔的方式表達，用更有效的方法管理自己所遭遇到的困境與問題，努力接受自己的挫敗並且勇敢再嘗試。聽起來有沒有覺得我們在描述哪個偉人？這些詞彙相信你也絕對認同這是屬於許多成功者的人格特質，但是，請不要誤會，這個孩子現在只有四年級。

「你覺得自己棒不棒？」我喜歡問孩子這個問題，然後看著他們望著我的直率眼神，發亮的眼睛，配上堅定又明確的聲音：「我很棒！」心裡都會油然生起一股快樂。我問過不下數百位孩子這個問題，也鼓勵爸爸媽媽問孩子這個問題，讓他們在我們的協助下，培養正確的態度，戰勝一個又一個的挫敗，在艱困中逐漸茁壯，活出讓自己滿意、且不斷提升的最棒的自己。

我常在教室跟孩子分享：「今天，我是你的老師，有些知識我確實知道的比你多，但是如果你不想讓自己『永遠』只是位學生，請多元的思考，並懷抱堅持的毅力。或許有這麼一天，你就超越我，變成你是我的老師了……」

勇敢地面對真實的自己、真實的困難，這些話說起來很簡單，但做起來真的好難，因此連許多大企業家也都在不斷學習這個議題：對自己與困境誠實，並且不斷的設想解決方案，化解難題！不再依賴爸爸媽媽與老師呵護的德德，雖然他只有十歲，但是，他正在學習與實踐這樣的積極正向思維，我們也有充足的理由相信，這樣的思考與行為習慣，會非常大量且極度正向的影響孩子的一生，以及他周邊的所有人！

Part2

# 情緒管理

「哇……！」寶貝的大哭大叫，想必爸媽們並不陌生，當然，也絕對不樂意聽見。因此，情緒管理已成為現代父母的熱門教養話題。

回想我們以前的成長模式，說實在也不是離情緒管理太遠，因為當我們遭遇不符合爸媽的教養期待，或是令父母困擾的情緒狀態時，便立刻被爸爸／媽媽的情緒來管理，第一步驟就是照直覺養，想念就念，想罵就罵；第二步驟就是照棍子養，心情不好沒空閒用腦動嘴巴時，棍子抄出來揍，看哪個小孩皮夠厚可以撐比較久，誰就有空間可以多頑皮一些。

當然，這樣的苦我們受了，也在成長歲月中見證了自己與父母的代價。棍子說話的閉幕式便是：為了省掉皮肉痛，乖要多裝一點，想法要變少一點，爸媽的要求至少在檯面上要多做一些，話就少說一些，與父母的距離放遠一點。太怕痛、太怕爸媽的眼神與期待，自己就要多要求自己一些，包括扭掉自己的想法、期待、能力和優勢，來符合這個套在頭上的緊箍咒。反正優勢能力不重要，在那個時代背景裡，你有多符合角色，達到多少角色範本裡的要求，你就是人人誇讚稱羨的贏家。

然而很顯然的，以前的模式在現代社會遭受到強烈的質疑與挑戰。我們現在知道，角色是被創造的，以往那種削足適履的教養觀被大量的質疑，大眾開始意識到威權教育下砍掉了多少孩子的天賦與優勢。於是，現代的爹娘難當了，過去，你在家門口抄著棍子揍小孩，村長會告訴你打得好，這就是管教；當你的孩子傻到為了你冒著擴大登革熱疫情的風險，拿自己的身體幫助蚊子繁殖時，整個村落會誇獎你教子有方，把孩子孝順的故事寫下來流傳好幾世代，羨慕你教了個孝子。但是現在呢，不管是整體教養意識還是律法，都不再贊成用任何方法扭著孩子走，孩子不需要拿身體去貼冰塊，只要在你旁邊冷得直發抖就可能有人通報一一三。因此，不管你隔壁的新手父母有多少意願想引導孩子適性發展、開發出孩子天賦之地的舉世才華，教養意識都已經完全由父母轉向孩子了。而此刻，當過去父母最倚賴的教養方式被貼上封條時，新的教養方式與親子關係到底應該是什麼？

當我們揮別了斯巴達的棍子，不再用武力讓孩子聽話閉嘴之後，你應該也感覺到了，不再拿著權力往孩子身上壓，努力的低下身體拿掉所有的隔閡靠近孩子時，那無法避免的碰觸與震動，不會只是我們與孩子的肌膚，一起與愛共鳴互擊的，就是與我們如影隨形，卻又不是如此容易表達捉摸的「情緒

」了：開心、快樂、悲傷、生氣、歡喜、驚訝、憤怒、沮喪、羨慕、嫉妒等。每時每刻，生活的每個事件都在產生情緒，都在引發心底的波動，因此，無論你有多刻意的創造，想讓孩子不斷的沐浴在正向情緒裡，我們都無法避開負向情緒的來臨（而且幫孩子避開負向情緒，絕對是最最最嚴重的錯誤教養策略）。那麼，當我們與孩子史無前例的最接近、最坦承、最沒有威權的城牆與恐懼的謊言時，在這種零距離的情緒碰撞、情感交織中，我們要如何面對以及引導孩子的情緒，絕對是現代父母最大也最棘手的課題！

笛飛兒致力於推動兒童EQ教育十多年，為什麼選擇EQ教育從小做起？因為情緒的力量是基因裡的原始設定，它不像數學或國語、英語那樣，是一個從不會到會、從零到有的歷程，而是像生下來就附好的地圖，哪條路可以到淡水，哪條路會到墾丁，都已經架設好。這個從A（感受）到B（行動）的路徑，是天生的規劃。怎樣的狀態會大哭，什麼時候會大叫，在每個人出生時就設定好密碼！那麼，當你發覺孩子的表達方式不適當時，你是否想重新改道、挖路、修改成新的情緒表達習慣呢？別以為這句話講起來很簡單，這可是一個重大的都市重整工程，全新路徑改道規劃！千萬不要以為講幾句話，或是不作為，孩子長大就會好；路徑就像人的習慣，走久了，路況會愈見穩定，人就愈難改道行駛。所以，習慣成自然，當人們開始發現需要去思考、懷疑、修正路線時，通常代表已經到了無法不正視問題的地步了。

因此，針對這個迫切又複雜的機制，笛飛兒整合了過去十多年的實務經驗與理論觀點，準備了一些真實的小故事與你分享。這裡有各式各樣的孩子，各有不同的情緒處理表達方式，有的習慣大吼大叫，有的選擇悶不吭聲，因此爸爸媽媽們也有不一樣的教養難題，儘管老大老二都是自己生的，還是讓許多父母大嘆怎麼兩個差這麼多！以下，笛飛兒幫你歸類出五種常讓父母困擾的情緒表達類型，並用故事的方式讓你清楚了解情緒與事件點的交叉轉折變化，針對事件與孩子的狀態提出有效的解析與教養建議，讓頭痛的父母們能在引導孩子學習適當的情緒管理時，更加的得心應手！

最後笛飛兒提醒你，如果你身邊還有那些習慣壓抑自己、為別人而活的孩子，雖然他們絕對不會讓家長情緒困擾，但是，請務必試著解放他們，讓他們學會表達自己，因為在長期的壓抑下，不管是對孩子或是深愛他的父母來說，都不會有任何好處。

# 1 火山爆發型

## 怒髮衝冠，天崩地裂

聽過少林派的「硬氣功」嗎？此門派不發功你以為他如鄰人一般親近可愛，一發功方圓十尺之內，寸草難生。擁有上層功力者，出招之快、準、狠，讓人措手不及、應接不暇。綿綿不絕的招式與強大的怒氣渾然天成，風格悍硬剛猛，招招要害，交手之前請務必三思。

## 媽媽的苦惱

浩浩年紀越來越大，脾氣怎麼好像都沒辦法控制，我最近已經好幾次聽到老師說浩浩在學校／安親班跟別人吵架，甚至打架。就像昨天下班後，我去安親班接浩浩，看見浩浩還滿認真的在寫作業，剛鬆了一口氣，就親眼目睹一個小朋友跑出來，不小心「扣」的一聲，撞歪了浩浩的桌子。就這樣，浩浩立刻站起來吼人家：「笨蛋！」「沒長眼睛是不是？」邊講還邊用力踢了對方一腳。我馬上衝進去阻止浩浩，但是兩個小朋友已經在地上扭成一團，我抓住浩浩要他停下來不要再打了，可是他在氣頭上，根本聽不下我說的話，繼續生氣的亂打亂K，連我都被打到了！你說，我到底該怎麼辦才好？

浩浩現在已經小二，塊頭又大，我幾乎抓不住他，像這樣的事這個月已經第三次了，聯絡簿上的紅字跟老師的電話，老實說，我真的是接到會怕。我不斷試著跟浩浩講道理，告訴他不要這麼容易生氣，多為對方著想，或是生氣的時候先不要動手，這些他都可以理解，也告訴我他願意去做，但是一遇到問題，浩浩的反應還是

很大，沒幾分鐘就開始大叫，對別人動手動腳。其實，他平時是一個很乖的小孩，真的，對人也很有禮貌，生活習慣也很好，都會自己整理房間，但就是這麼容易生氣，而且一生起氣來就無法控制。我到底該怎麼做才能讓他跟別人好好相處，才能改掉他這個壞毛病呢？

——憂心忡忡的浩浩媽媽

## 笛寶貝案例

Sam是一個非常大方、熱情的孩子。每次Sam來上課，還沒踏進教室的門，就已經聽到他的聲音在大聲的喊著：「哈囉！」一進到教室，就看見Sam高舉著自己的戰鬥陀螺，大聲的問：「有沒有人要玩戰鬥陀螺？誰要跟我決鬥？」沒多久時間，不管熟不熟悉，Sam都可以跟其他孩子們玩成一團。遊戲的過程中，不斷的可以聽見Sam開心的聲音，一邊大笑大叫著，一邊用手拍著朋友的背，笑一笑整個人就倒在朋友身上。從他的嗓門跟動作，你一定早猜到了，Sam就是一個這麼熱情活潑的孩子，你看，只不過打贏了一場陀螺比賽，Sam已經在大喊：「我的天秤贏了，Ya！Ya！」還拿著剛剛獲勝的天秤號（戰鬥陀螺名）開心的繞場一周，分享他的勝利與喜悅。這樣的畫面，你是否聯想到古羅馬競技場裡，那勝利連連的英勇衛冕者呢？

像Sam這類型的孩子，率直又熱情洋溢，你不用懷疑，電影中那豪邁英勇的競技者、戰士、劍客，他們小時候絕對與Sam差不了太多。這樣的孩子擁有先天氣質「情緒反應強度大」的特質，也就是說當Sam開心的時候，身旁的人絕對不會以為他正在發悶或是耍脾氣，連在Sam旁邊準備咬他幾口的蚊子，都可以輕易判斷Sam現在是開心的。但是，相對的，當Sam生氣的時候，喔喔！my God！別以為幾句輕言短語，你就可以悄悄的度過這個時刻，火山爆發似的憤怒、肢體的攻擊張力，絕對讓你印象鮮明持續一個禮拜。所以，你了解了嗎，這個特質的意思是：每一個情緒反應都是非常清楚而且明顯的，讓你十分印象深刻，而且難以忘懷！

跟你分享一個真實事件吧！這天的下課時間，Sam興奮的和朋友玩著躲貓貓，就這樣一臉開心的躲在廁所門後面。Sam相信，這個安靜幽閉的地方，絕對，絕對

不會有人發現。

因此，Sam開心的藏在門後，都快唱起歌來了！他覺得這次自己一定贏定了，絕對不會有人找到他。你說，廁所門後面難道不是一個完美的好地方嗎？大家都忙著在外邊團團轉，誰會想到廁所門後面呢？呵呵！Sam真是開心極了，他一邊更往門後的牆面靠，一邊屏住氣息的露出不由自主的勝利笑臉。就這樣，Sam在裡面安靜的待了十分鐘，聽著其他伙伴一個一個被找到的聲音，就快只剩下自己了。啊！你說這世上最快樂的時刻是不是就像這樣？等待勝利宣判的時刻真是讓人既痛快又期待啊！

然而，人生不如意事十之八九，生活總是人算不如天算，而Sam今天真的體會到了！就在Sam邊數著時間等對手放棄、邊慶賀著自己的聰明才智時，一位早就被找到的伙伴小其急著想上廁所，就這樣，火速的推開廁所門，「碰！」的一聲，門被小其快速強力的撞向門後的牆面。喔！不，因為門跟牆的中間躲了一個Sam，所以是火速強力的撞向門後竊笑欣喜的Sam。嗯，這下可好了，聰明的你應該也預期到發生了什麼事。

正慶幸沒人知道自己位置的Sam被門撞到後，立刻情緒大爆炸，一邊奮力推開門，一邊對著小其破口大罵，反射性的握起拳頭K小其，甚至在老師介入處理後，Sam還是激動的對著空氣不停揮動拳腳，有沒有人在前方都不管，只要拳頭落得紮實，就是Sam最滿意的結果。媽媽後來無奈的跟我們說，就像這樣，生氣時的Sam像個小活火山，爆點很低，而且一爆炸就無法收拾，讓爸爸媽媽頭疼不已。

Sam不但反應強度大，更是屬於反應閾低（較敏感）的孩子，所以當Sam感覺到一點不對勁時，情緒本能很容易被喚起，然後整個人立刻處於備戰狀態，那種強悍的攻擊模式，讓所有的敵人都得退避三舍。大叫、大罵、打人、踢人，甚至破壞周邊的東西，總是要等到情緒全部宣洩掉了，Sam才能讓自己恢復平靜，恢復那個能夠好好說話、溫柔有禮、能夠開心交到好多好朋友、被好多人喜歡的另一個自己。但是，你說，這樣好嗎？

當老師請兩個小朋友討論和解決衝突時，Sam仍然氣到想把手往對方的身上打，還大喊著：「老師他是笨蛋，我要揍死他。」然後不斷揮出自己的拳頭。多次引導後，Sam終於停止自己的動作，但是要跟他討論解決的方法時，他卻一直將手插在胸前，別過臉拒絕看小其；問他發生什麼事時，Sam說：「還不都是他這個笨蛋壓我的門，害我這裡（手指胸部）很痛，還害我比賽比輸了！」氣呼呼的喊著小其有多可惡，這樣撞他，根本就是故意的。然而老師在過程中不斷的發現，Sam雖然口頭上說有多討厭小其，不想再跟他做朋友了，但是許多細微的訊息都不斷的顯示Sam對這段友誼的重視，只是當下他並不知道該如何控制自己的情緒，不知道該怎麼管理自己、解決問題，因此只能任由情緒帶著自己做出一些具有破壞力的行為。

## 笛寶貝解析

身為一位老師，我必須承認，當我發現孩子拳打腳踢、大聲嚷嚷要揍扁誰、要去打誰，甚至已經出拳真的要去攻擊對方時，我真的覺得很難過。

我的難過，出自於這些孩子的動作，感覺就像溺水般緊緊抓住某根浮木：「我被攻擊了」、「他看不起我」、「他故意的」、「他在笑我」……「所以我一定要趕快打他」。不管是什麼樣的理由，最後只會歸結到同一個解決策略：「所以我一定要趕快打他」。在他們憤恨難平的拳頭與大嗓門的呼喊下，根本的解決（解讀）

方式出了很大的問題，然而，這些問題大家看到了嗎？

張牙舞爪的拳頭背後，通常隱藏著一顆膽怯、纖細又受傷的心，讓他在每次事件中，在在感受到的，都是別人對自己的不滿與敵意。

然而，動作再怎麼大，心裡的創傷也不會被撫平；怒吼再怎麼激烈，錯歸原因的事件也不會倒帶……可是大的動作與怒吼，卻常讓這些孩子被他人以特殊的眼光看待：「怎麼可以打人」、「你怎麼每次都這樣，講都講不聽」……外界的回饋是真實的，但卻始終沒有教孩子該如何適度的管理自身的情緒、如何將想要打人的衝動做適度的解決。「不可以」、「不要」、「不應該」、「不對」、「壞」……這些話語很容易充斥在Sam這類型孩子的身邊。我的難過，源自於心疼。

我看到他們的無助，也看到他們心裡的吶喊，但似乎沒有人教他們該怎麼辦！離他們很接近的人，會知道「他不是故意的」，甚至在他們完成動作後，會一臉懊悔的表示他很抱歉……可是，下一次事情還是會發生，旁邊的人從有耐心的原諒變得失去了耐性，一點都不想原諒……孩子在一次次的挫敗經驗中，學會了麻木，與不要對自己有期待。

反應強度大與衝動性高，是這類型孩子很大的特色，但我們可以選擇用更中性

的態度來看待這項特質，並使用更適合這類型孩子的方式來和他們引導溝通。再一次提醒所有的爸爸媽媽們，所有的能力都是一體兩面，你所看到的缺點，翻個面，就一定可以找到優點，問題只是在於，如何讓孩子學會幫自己翻到好的那一面，並把自己的能力管理好。教養，一直就是這樣。

在笛飛兒教室裡，遇到過許多像Sam一樣特質的孩子，在爸爸媽媽與課程的持續引導下，孩子有非常明顯的進步。但是要怎麼做呢？

## 笛老師的建議

建議爸爸媽媽可以跟著笛飛兒老師試試看：

1 **停**：孩子有情緒時，請孩子**先停下來**，爸爸媽媽可以主動關心孩子的感受。

★例如：感覺你好像很生氣，有什麼需要幫忙的地方嗎？

2 **說：**請孩子**用適當的方式說說看發生了什麼事**。

★例如：要不要說說看是什麼事情讓你生氣？

3 **清：**聽聽看別人的想法，**釐清事情的原委**。

★例如：那我們去問問看對方為什麼要這麼做吧！

先透過「停！」幫助孩子**發現自己的情緒**。爸爸媽媽可以幫助孩子釐清自己的情緒，結合上爸爸媽媽的關心，等於在孩子情緒產生時建立第一道防線，讓孩子先懂得停下來思考自己的感覺，發現自己的感受。第二個步驟「說一說」，提供孩子一個替代方案，讓孩子在面對情緒時，知道除了動手或生氣之外，可以有其他的**替代方案**並試著實際執行演練（不過實際演練因牽涉到多重專業，建議爸爸媽媽洽詢專業人員），用「說」的方式讓別人知道自己的狀況與事情始末。最後一個步驟「搞清楚」，能夠幫助孩子釐清事情的原委，**學習同理和多元觀點**，知道每個人的想法都不太一樣，或是每個行為背後的原因，相對的，下次再遇到一樣的情形時，孩子就不會只覺得對方是故意的，可以有更多的解釋原因，如此一來，孩子就不會那麼容易發脾氣了。

## 停↓說↓清，爸爸媽媽記住了嗎？

說到這裡，你是不是覺得哪裡怪怪的？孩子的火爆畫面在夢裡都還清晰可見，短短的三字口訣：停、說、清，怎麼可能就輕易的化解掉孩子原生的個性，以及多年累積的問題。是的，你的直覺與判斷非常正確，這三字口訣是不夠的，但是，很遺憾的，針對這樣情緒爆炸的孩子，我們還是只能先給你這短暫減緩狀況的三字口訣，這個問題就像醫生無法用一本步驟手冊教會你開刀一樣的道理。孩子的原生個性，他之後所遭遇的狀況和問題，無論性格、際遇、環境、教養、知識、情境、互動者個性與能力，這些東西都一環扣一環的彼此交叉影響著。

其實不只是這樣類型的孩子，每個孩子都是獨一無二的，我們只能針對實例累積，以案例解說的方式，提供爸爸媽媽一些在家裡可以試著操作的方法。然而畢竟處理爆炸情緒的孩子，所需擁有的專業與應用變化之多，並非三言兩語能夠教會，因此只能先告訴你舒緩災難的正確方式，但若要真正幫忙孩子，請一定要尋找專業協助，絕對不要想著「孩子長大自然會好」，因為過程中與未來的代價，絕對不是你想要的，而我們也可以非常肯定的告訴你，透過學習與引導，你可以期待孩子的不只是肯定，而是驕傲。

## 教養放大鏡

Yes

（親愛的爸爸媽媽**可以**這樣做）

**①面對正處於情緒激動的孩子，請溫和但堅定的說著：寶貝，好好說！媽媽（爸爸）才知道你怎麼了。**

☺你可以這樣試試看：（溫和但靜靜的）你好生氣，這麼生氣的講話我聽不懂，你可以再慢慢的說一次嗎？

**②為孩子的情緒導引適當方向，從中找出情緒原由。可以套用以下句子：孩子，你是不是覺得……（情緒），為什麼呢？……（引導孩子說出事情原由）**

☺Sam，你是不是覺得生氣，為什麼呢？

☺Sam，剛剛被門打到，讓你有什麼感覺？

No

（親愛的爸爸媽媽請**不要**這樣做）

☹當孩子表述情緒事件時（因為……所以我……），立刻插嘴說理（甚至還沒聽完）。孩子會聰明的發現終究會被罵，既然講了要倒楣，你覺得孩

子是會表達，還是乾脆不說呢？（請停止教訓，先做好傾聽的角色。）

☹看到孩子生氣爆炸的樣子，爸爸媽媽也立刻火上心頭又澆油，火冒三丈之下，立刻以自己的情緒制服孩子的情緒，對孩子威嚴管教，大喊：你在幹麼？欠打是不是？（**用暴力管教孩子，只會讓孩子學會壓抑情緒，以及在自己有能力的時候，以暴治暴。**）

【提醒爸爸媽媽，每個孩子都是獨特的，本身的個性與遭遇的問題都不相同，上述教養建議有課程個案的脈絡限制，可能無法適用於所有狀況。】

## 今天的笛寶貝

讓我們來看看原本的小火山後來有多棒。

這次的遊戲，Sam跟同組的小朋友要一起蓋一座城堡，其中有個小朋友在收集

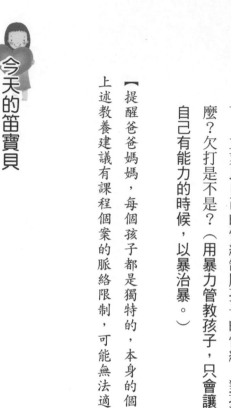

# 課程日誌

| 課程堂數 | 觀察摘要 |
|---|---|
| 第一堂 | 反應強度大、敏感，不擅與人互動但渴望朋友。 |
| 第三堂 | 跟朋友吵架，情緒快速被激起，會越吵越兇但無法停下來。<br>引導30分鐘正視情緒後，與對方達成協議。 |
| 第四堂 | 反應敏捷，衝動控制差。引導後有提升延宕能力。<br>原本厲害的表現會因為情緒高張而降低表現水準。 |
| 第五堂 | 第一時間向對方表達情緒（很大進步），引導15分鐘後與對方好好討論。需持續引導情緒表達策略。 |
| 第六堂 | Sam已經能夠在第一時間溫柔表達情緒，同伴今天在引導下直接回饋Sam很喜歡他的溫柔。對情緒辨識進步，生氣管理意願提升。 |
| 第八堂 | 過關失敗後情緒大爆炸，引導思考導致情緒原因的關鍵，討論時情緒強度快速大幅下降（進步）。 |
| 第十堂 | 口語表達能力進步、情緒表達策略已有二～三種。<br>媽媽反應在家裡與學校的情緒表現有明顯進步。 |
| 第十二堂 | Sam現在會挑特定對象發脾氣，今天個別處理45分鐘。 |
| 第十三堂 | 具高度問題解決能力，情緒不易被激起後表現越來越厲害。 |
| 第十五堂 | 合作大多關注自己焦點，無法聽取對方意見；引導雙方討論，後續合作漸入佳境，需提醒Sam要留意對方感受。 |
| 第十八堂 | 今天表現不穩定，跟媽媽詢問，得知學校老師誤會Sam，讓Sam有很大的情緒，甚至跟老師吵架。 |

## 笛飛兒老師的話

孩子，我們無法掌握下一秒來到我們身邊的事物，我們唯一可以掌握的，是有彈性、微笑、正向面對未來的態度，以及深深的相信，我們有能力可以讓事物朝我們所想像的一樣，變得更好。

## 爸爸媽媽也想說

積木回來的途中，不小心把正在蓋的城堡踢倒了，跟著Sam大喊了一聲：「厚唷！」看到這一幕，回想起以前的Sam，一旁的老師已經立刻進入備戰狀態，一邊等著Sam的反應，但也一邊留意有沒有需要協助處理衝突。

依照過去的慣例，Sam大概再過三秒就會使出拳腳功夫，讓別人見識他的厲害。果不其然，Sam眼睛瞪著對方，肩膀也因為呼吸的急促而上下起伏……你也跟我們一樣緊張嗎？Sam就快要使出連環鐵拳了。果然，Sam抬起了拿積木的手，往踢倒積木的朋友臉上一揮……耶，不對，好像不是一揮，這次手揮得好像短了點，Sam拿著積木的手，就這樣停在朋友的臉前方十公分，將積木佯裝成寶劍，指著對方問：「你幹麼？」（嘴角漾著笑意，像是有點開玩笑，但又可以感覺到Sam是有一點生氣的。）

你知道這是一個多棒的進步嗎？以前的Sam早就習慣一生氣時，立刻把拳頭揮出去，攻擊，再攻擊，對以前的他來說，打就是最好的解決方法，打就可以消除掉煩悶的情緒。然而，現在的Sam已經可以先暫停，在生氣的時候先讓理智進到大腦裡，做出比較合適的反應。發現朋友踢倒城堡，可以先緩一緩，用玩笑、遊戲的方式先了解狀況與前因後果，而不是直接讓情緒帶著自己走，讓問題變得更大、更嚴

重。因此這次的城堡崩裂事件，讓Sam給了自己與朋友一個機會，讓自己有時間與空間了解到朋友不是故意的，也在朋友急忙的道歉與解釋後，Sam輕鬆的以一句「好啦！」化解了一場衝突。

知道自己生氣，能先用對方比較接受的方式，半開玩笑地拿著積木假裝是劍，但又不失認真的問，以此來詢問對方把城堡踢倒的原因，顯示Sam在生氣時已經能夠擁有「釐清問題」的能力，不再是以前那個被情緒管理的自己。而在理解事情原委之後，Sam也更願意去原諒別人，更有能力去處理爭執，而衝突解決之後，Sam還能立刻回到原本專注的事情上，再重新蓋一次城堡，你說，Sam是不是真的變得好棒！

多年來，和許許多多孩子互動，最令人心疼的，就是這群火山爆發的孩子，因為他們遵循著自己原生的本能，但在與世界互動的過程，卻發現自己格格不入。生氣時大聲怒罵就變成是自己的不對（搞得好像是他不應該生氣），委屈了想要理論卻又大嗓門的把人嚇跑……，他們真的在成長經驗上吃了許多苦頭，卻不曉得自己到底可以怎麼辦。其實，只要我們願意聽聽他們的聲音，感覺他們的世界，用對的方式教導他們，引導他們，這群孩子一樣可以完美的擁有自由自在的自己，與快快樂樂交朋友的雙贏方法。

其實，情緒是一個雙面的能力，不要以為孩子情緒起伏大、脾氣壞很麻煩，因此著力要將情緒變平穩，甚至最好不再有情緒，因為，情緒是一種感染力，是一種影響力，是一種帶動周邊人群的力量。我們應該帶著孩子學習駕馭自己的力量，而不是被能力所操控，讓孩子把自己的能力管理完善，運用自如，發揮極致，他將成為一個超乎你想像的影響者，人群中的耀眼星辰，而不再是你所認識的那位，只會亂發脾氣的小火山。

# 2 導航飛彈型

## 提案不從，導彈部署

曾在月黑風高、鬼哭神嚎的夜晚聽過這樣的嘶吼聲嗎：「不給糖，就搗蛋！不給糖，就搗蛋！」不要懷疑，聽到如此清晰的內力口訣，你已經遇上了此門派的強力高手。明確的提案以及隨機而動的猛烈招勢，是他們清楚的鑑別。嘿！別晃神！他們說話的時候，早已佈下了天羅地網。

# 媽媽的苦惱

Eric一直是很有想法的小孩，三歲的時候，早上就幫自己挑衣服穿，有時候我已經幫他拿好了，他會告訴我不要，然後拿他自己喜歡的來穿。有時候他想穿的衣服不在，還會生氣的怪我，硬要把濕衣服收來穿，不管怎樣就是要穿那一件，相當堅持，一旦拒絕，他就開始生氣、哭鬧，東扯西扯，什麼自己都沒衣服穿、其他衣服都好醜他不想要、他不要去上學……結果就為了穿衣服這件小事，整個早上沒了。你說煩不煩人？

我本來想說他年紀還小，等再大一點，就會比較懂得跟人溝通和進退，但是Eric現在已經升小五了，我發現他的脾氣沒有變小，反而越來越嚴重，每次和別人一起玩的時候，還是都要別人聽他的，不照他的話做就生氣，然後手握拳頭，用超級大的聲音跟別人吵，到最後什麼也沒得玩……

像上次Eric用積木蓋一座一〇一大樓，沒多久就跟別人吵架了，只因為一個朋友好心拿積木過去幫忙，卻蓋成完全不同的樣子，Eric立刻把對方手中的積木搶過

來，皺起整張臉，開始破口大罵，並且立刻推倒；朋友的孩子都被Eric嚇哭了，真的是讓我好尷尬，都不知道下次拿什麼理由邀請別人來玩了。像這樣的事總是不斷的發生，事情只要一不順他的意他就生氣，而且生氣起來就很可怕，沒完沒了，連我這個當媽的也給惹毛了。好好跟他說，勸也勸不聽；大聲跟他說，他又會比你更大聲，鬧得更厲害，你說，我到底該怎麼辦才好？

——無計可施的Eric媽媽

## 笛寶貝案例

見到沛沛是小一升小二的暑假，第一印象：沛沛彷彿來自童話故事中人見人愛的小公主，骨碌碌的大眼睛，俏麗的短髮，搭配大蝴蝶結髮飾，連身小洋裝，這不正是每個人朝思著想的白雪公主嗎？

沛沛正準備踏進教室，右腳還沒落地，一瞥眼，發現教室裡其他人屁股下都坐著一個酷炫櫃子椅，馬上俐落的轉頭：我也要一張。初見面短短不到三分鐘，沛沛就能主張權益，你說她是不是一個相當有想法的孩子？依照笛飛兒不輕易幫忙孩子的慣例，我指著教室的一個角落，告訴沛沛或許那兒有她要的線索！沒料到沛沛看了看，竟然嘴巴一抿立刻插腰蹬腳，尖聲叫著：「我要粉紅色的啦！」嗯，真是小人（孩）大個性，你也感覺到沛沛正在用情緒表達意見，企圖達成目的了嗎？她要的粉紅色椅子，教室共有兩張，一張老師使用著，一張的上方正坐著它的小主人。因此，初來乍到的沛沛，十分鐘之內，已經開始聲勢奪人的談判著誰是老大，就這麼帶著自己的堅持，不給不罷休的站在門口賭氣，果真是很有女王接班人的架勢。

這十分鐘，沛沛的「自我表達」與「堅持」，相信也為你留下了深刻的印象。接下來的課程只要一不如女王接班人沛沛的心意，她就會開始釋放訊息：「小心喔！不照我說的做，我可是會爆炸的（耶，別意外，孩子還真挺喜歡把自己當河豚用的）。」在炸彈警告下，如果我們這些無知良民還沒有在時間的底限內滿足期待，小心啊，炸彈客絕對不說假話，警報剛剛已經響過了，你們竟然還這麼不知好歹！一瞬間，沛沛一定立刻引爆情緒炸彈，以爆裂地鐵站的威力大聲尖叫。目的只有一個：壓制反叛軍。喔！不對，是壓制爸爸媽媽、老師、同學、朋友……，除非

今天大家乖乖聽女王的話，否則女王絕不妥協。

## 笛寶貝解析

慣於把情緒當作問題解決策略的孩子，通常先天氣質會傾向於高反應強度，然後隨著在環境中的學習，又變成更高的反應強度。為什麼呢？因為在生活中孩子很容易發現，我很大聲的叫、很用力的生氣，最後總是很有效，真好！你說這種特效藥你會捨得不用嗎？其他還有高堅持度以及反應閾偏低（較敏感）的先天特質（先天氣質的說明，建議參考《孩子可以做最棒的自己》，遠流出版）。而在想法上，他們也很容易有自我中心的傾向，也就是想來想去，就是我最重要，以自己的目標與利益為第一優先，因此不管跟誰發生什麼事，一定先解決我覺得重要的事。

懂得為自己爭取主張很好，像沛沛這類型的孩子往往擁有清楚的目標，總是非常知道自己想要什麼，配合上堅毅果斷的執行力（你敢說這不是她的大能力），目標＋想望＋執行，感覺到了嗎，這不正是一堆成功人士的共通特質。所以，你發現這樣的孩子已經具有許多成功者的基本要素，那麼，孩子惹麻煩，問題到底出在哪裡？讓我們一起從幾個點切入吧！第一，我們必須了解與人相處不是砍樹劈柴，不是一刀下去快狠準，力道不夠再加重就可以了。沛沛在執行目標的過程中，一遇到跟自己意見相左的想法或被拒絕時，就開始加重力道，憤怒、生氣、尖叫、嚷嚷，四道流程立刻精準走一遭，而當她尖叫完畢後（嗯，其實根本不需要流程完畢），就如你所預料的，沒人會想接受她的邀請，而她也正在幫自己蒐集更多的拒絕。第二，一個老是將目標設定在自己快樂上的小孩，怎麼會有什麼成功可言？

因此，面對像沛沛這樣的孩子，我們該把學習重點放在哪裡呢？第一，我們要引導沛沛學習管理自己強大的情緒反應，讓情緒的能力成為孩子的助力，而不是孩子成長的阻力。帶孩子學習對自己的情緒有更高的敏銳性，掌握情緒與自己，運用情緒去感染人、影響人，而不是拿情緒當炸彈，拿自己當河豚，全部炸光了，沒人會記得你還沒氣嘟嘟的時候到底有多可愛。將能力用錯地方，讓優勢變劣勢是非常可惜的事。

第二，帶著孩子進入問題解決的領域，幫助那些總是堅持己見的孩子動動腦，

想想看是不是有更好的問題解決辦法，讓他們看到其他的可能性，試著找出雙贏的解決之道。不只考慮自己，還能尊重別人，尊重環境，尊重問題，對孩子來講（也對所有的成人來講），這是一個非常重要的學習。

## 笛老師的建議

從導航飛彈轉型為炸彈拆解高手，沛沛是這樣做到的，爸爸媽媽在家裡也可以帶小朋友一起試試看：

### 1 面對自己的情緒

「你現在覺得……（傷心）」、「你看起來好像很……（生氣）」這些溫暖而開放的問句，不但能幫助孩子知道自己現在的感受是什麼，而且在爸爸媽媽問的時候，小朋友還會覺得爸爸媽媽是跟自己站在同一陣線上的，因此將有更多的勇氣和力量來處理自己的情緒。

### 2 找到情緒的來源

「是不是……（敘述剛剛發生的事情）」、「你知道為什麼你覺得……」，在小朋友已經點點頭、知道自己的感受後，爸爸媽媽下一步就要和小朋友一起來找找看，為什麼會有這種感覺呢？

### 3 澄清對方的意思

有時候讓寶貝生氣的事，可能只是誤會一場，但即使是誤會，我們也可以讓它是個美麗寶貴的誤會。讓孩子自己面對問題、澄清訊息、解開疑惑，自己發現原來自己搞錯了，這個過程雖然看似繁瑣複雜，但孩子卻可以從中獲得許多寶貴的成長能量。引導孩子擁有澄清問題的能力，孩子也將為自己找到更多情緒解套的策略。

### 4 找到雙贏的辦法

導航飛彈之所以為導航飛彈，就是因為它的航道已經設定好了，一定要照著軌

道運行，不達目的不罷休。但是，爸爸媽媽想要更改航道，就要在寶貝的情緒已經澄清之後，跟寶貝一起動動腦，想看看是不是有什麼可以讓自己開心、別人也開心的辦法，孩子就能擁有更多的彈性與問題解決策略，就能擺脫飛彈的控制，晉升為拆解炸彈的高手！

試試看以上的步驟，一步一步的引導孩子面對自己與面對問題，以及面對周邊的人。慢慢的，你將發現飛彈不再被設定，不再準時爆發，甚至，飛彈不再是飛彈，孩子可以遨翔，可以展翅，可以愈飛愈高，但不會爆裂粉碎。你說，這是不是非常值得欣喜與驕傲的事！

## 教養放大鏡

### Yes（親愛的爸爸媽媽**可以**這樣做）

**①掌握情緒辭彙，作為情感同理技巧。**

情緒辭彙：

開心、快樂、興奮、驚喜、期待、滿足、害羞、尷尬、不好意思、煩惱、害怕、緊張、驚訝、擔心、傷心、難過、悲傷、討厭、煩、委屈、挫折、失望、沮喪、羨慕、嫉妒、生氣、憤怒……等。

**②將口語表達再進化，成為高溝通協商專家。**我們可以試著這樣提醒孩子：

☺沛沛，你可以說出來你要什麼這是很棒的，但你要不要試試看用禮貌的方式問問看呢？

☺沛沛，如果你可以有禮貌的說，爸爸（媽媽）會為你感到驕傲！

No

（親愛的爸爸媽媽請**不要**這樣做）

☹以更高壓的方式逼孩子就範、妥協。千萬不要這樣做：為什麼講話這麼沒禮貌？你是誰家的孩子啊？去有禮貌的再重說一次，不然等一下妳就不用回家了！**（孩子問題看似解決，卻助長了孩子對權力因子的追求，只會讓孩子學到：下回也要用更激烈的手段得到他所要的。）**

# 課程日誌

| 課程堂數 | 觀察摘要 |
|---|---|
| 第一堂 | 有禮貌的詢問，卻帶有不容拒絕的口吻。<br>反應強度大。 |
| 第四堂 | 情緒反應強度大，在課堂中數度與人爭執後大發脾氣。<br>自我中心，聽不到別人說什麼話。 |
| 第六堂 | 情緒爆炸，個別處理40分鐘後勇敢面對，承認是自己不對。 |
| 第七堂 | 逐漸能接受與人合作過程中偶發的負向情緒（有表情但沒有爆炸），是很大的進步。 |
| 第九堂 | 情緒事件有大反應，但已能聽旁人的說法，大部分很快就能降低情緒強度（約1分鐘）。 |
| 第十堂 | 發現自己的生氣沒道理，能尷尬的說抱歉（很大進步）。 |
| 第十一堂 | 媽媽反應：在家互動的品質提升非常多。 |
| 第十三堂 | 遇到對方故意挑釁，容易被激發情緒（會不斷跳腳），引導10分鐘後能與對方討論（人際互動的情緒管理待加強）。 |
| 第十五堂 | 刻意安排與易激發他人情緒的孩子一組，已逐漸能控制自己在人際互動的情緒。20分鐘後對隊友大吼，引導約5分鐘後想出解決辦法。 |
| 第十七堂 | 人際互動技巧提升，鼓勵媽媽需提升孩子人際交往的動機。 |
| 第二十堂 | 情緒管理提升到特定的觸發點才會爆發，80%的時間可以做到情緒表達；會主動邀請朋友遊戲（建立關係），可惜不夠持久，提醒與鼓勵後可延續。 |

## 笛飛兒老師的話

蠻橫的用各種只屬於自己的力量來達成目標，這是愚夫的方式；讓四周的人都喜愛你，願意被你感染，奉獻自己的心力與你一起達成目標，這是智者的方式。孩子，你想以愚夫或是智者的方式掌握未來，有時真的只在你的一念之間。

## 爸爸媽媽也想說

【提醒爸爸媽媽，每個孩子都是獨特的，本身的個性與遭遇的問題都不相同，上述教養建議有課程個案的脈絡限制，可能無法適用於所有狀況。】

## 今天的笛寶貝

就像沛沛，發現自己究竟是哪裡出了問題，讓同學、朋友不喜歡她之後，沛沛改變了……

當天的課程主題是協商，就是調解吵架的意思，而在課程任務中，每組要先提供一個自己想的遊戲。當時，沛沛和佑佑一組，聽到老師說完任務後，沛沛思緒飛快的說出「棒打老虎雞吃蟲」，當下佑佑一臉茫然，嘴巴反射一樣的吐出兩個字「不要！」（事後了解，佑佑連聽都沒聽過這樣的遊戲）。嗯，注意囉，這可是「不要」耶，膽敢在女王面前說「不要」，是找死嗎？以沛沛以前的個性，還記得吧，精準四步驟，一步都不能錯，準備迅速尖銳的河東獅吼。耶！一秒鐘，沛沛的臉上明顯透露出不悅，眉尾迅速揚起，眼神帶著狐疑，一股力量從瞳孔中迸射而出；二秒鐘，嘴巴打開了，喔！尖叫要來了嗎？……再下一秒鐘，沛沛竟然強忍爆發，在咬一咬下嘴唇之後，硬生生的擠出一句：「為什麼不行？」

面對自己的想法被否定、被拒絕，這個絕對罩門，沛沛進步了。他不再只是一味地使用不合宜的情緒，壓迫別人聽從自己，而是可以先試著澄清對方拒絕的原因，不僅控制了自己的情緒，甚而更進一步幫自己解除情緒的來源。在旁邊看到這次討論的我，立刻讚美沛沛的成長。看著沛沛閃亮回應的眼神，望著她轉身回去向佑佑說明到底怎麼玩的身影，我可以感受到，沛沛也發現了自己的成長，也為自己感到驕傲。

所以，你也注意到了嗎，光是接受別人的拒絕，聽別人說NO，就是一種了不起的智慧。因為，勇於面對被他人拒絕，就能正視油然而生的沮喪感與情緒壓力，而不是選擇逃避或偽裝，這正是磨練EQ（智慧）的關鍵環節。那麼，你與寶貝們準備好了嗎？

# 3 借題發揮型

## 借力使力，藏木於林

太極生兩儀，兩儀生四象，四象生八卦。此門派高手擅長以慢打快，蘊動於靜，出招不出招，掌握於與周遭萬物的合勢之間，招招看似無招，卻要招招到位。羽毛裡要有泰山之重，靈巧中需有獅虎之牙，遇此門派高手需謹慎小心，借力使力的千斤之力，你可否承接得住？

# 媽媽的苦惱

說起我們家小姊姊依依，就有點類似《夜市人生》這種鄉土連續劇，裡面通常都有個莫名其妙的角色，就是明明沒他的事，他卻偏偏罵得比誰都還要兇，情緒飆得比誰都還要大，我們家小姊姊就是這樣。我實在不知道到底是誰教她的，這麼莫名其妙，這麼愛管閒事，把自己搞得比生氣的人還氣，這是怎樣？

我應該先說清楚，平常她一直是一個很溫和的孩子，很有禮貌的。譬如昨天爸爸不小心打翻她的布丁，雖然她很傷心，整張臉都很傷心，但她並沒有亂哭、亂叫或生氣，還告訴我說，爸爸不是故意的，要原諒爸爸，你說她是不是一個早熟又體貼的孩子。才小學二年級呢，就這麼願意原諒別人，我真有種說不出來的驕傲！

但是，有些時候我就覺得她簡直是誇張到極點。譬如，有次妹妹說了個小謊，假裝作業寫完了，實際上根本沒寫，這件事被我抓到，我當然要好好的教她！我承認當時我是有點生氣，畢竟我一直很重視誠實，所以講起話來像是在罵人，結果我們家姊姊看到我在管教妹妹，突然間變成像大人一樣，講了一堆義正詞嚴的話：怎

麼可以說謊呢？妳應該要被打一百下，媽媽一直告訴我們不可以說謊，妳都沒有在聽嗎？真的是一堆喔，罵的比我還多、還兇，我自己當媽的看她這樣管妹妹，都不知道要繼續說什麼了！對於這種狀況，我總覺得怪怪的，但又說不出哪裡有問題，是我教她教得太多嗎？她太愛妹妹嗎？太急著長大嗎？別人家的小孩會這樣嗎？到底是哪裡怪，我還真是說不上來，但是，這樣對她以後究竟是好還是壞？

——大惑不解的依依媽媽

## 笛寶貝案例

大班的曄曄很會交朋友，身邊總是有一群人。你可別以為只要長的可愛，身邊就會有朋友，這招只對媽媽帶來的那群阿姨有用，對自己的朋友就沒效了！所以曄曄身邊老是有一群朋友，注意，是一群，不是一個喔，這實在是不簡單的事。你知道他怎麼辦到的嗎？噓，小聲點，這可是商業機密呢……因為曄曄很懂得做朋友喜

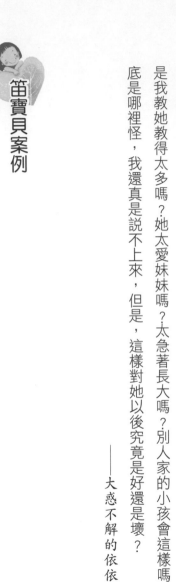

歡的事情，他不會亂生氣，也不會自己胡搞瞎攪，做別人討厭的事，而且曄曄還可以在短短的時間裡，就發現朋友的個性：誰是現在這群人的老大，誰又是小跟班，誰是沒意見的人，誰又是被討厭的傢伙。

那天我們安排了挫折容忍的課程，想看看孩子們對於團隊的目標有什麼樣的堅持與策略。曄曄的小組一開始輕鬆過關，全組那志得意滿的樣子，完全不知道好戲可在後頭。時間緊湊的來到第五關，全隊必須在關鍵的條件下，有效使用材料和人力，以達成目標。曄曄一聽到任務，立刻主動向老師爭取全隊討論的時間，並立即向大家提出具有解決問題意義的建議，也立刻獲得團隊的支持與認同。也就是說，曄曄在短時間內就可以整合思考、號召朋友、提出解決方案，並且立刻獲得團隊的認同；換句話說，就是曄曄小小年紀就擁有領導學裡經常提到的幾個關鍵要點。

小朋友開始正式挑戰，但卻發現果然沒辦法每天過年，他們面對的是不斷的失敗：一下子時間來不及，一下子有人突然忘記要幹麼，一下子是大家好想快點達成，結果拿材料的時候自己人搶自己人，這更別說成功了！一切都變得好複雜，問題層出不窮，開始有幾個孩子煩了、厭了，但是曄曄毫不氣餒，還排了幾把椅子站上高處，一邊揮手一邊精神喊話：「大家，我們要加油啊！不要放棄，我們一定會成

功……」嘩嘩的鼓勵與建議，讓大家穩住了腳步，更重新看待失敗與問題。情緒穩定之後，全組又能夠聚焦在目標上，開始躍躍欲試。

這是第九次挑戰，大家抱著勢在必行的決心，聚精會神，期待新的方法與策略能夠一次達成目標。果然，有動腦、有做情緒管理真的有差，還有好充裕的時間，而他們離目標只剩一小步了，看到這樣的結果，大家無不熱血沸騰，對於挑戰，真的是信心滿滿到不行；同時，因為剛剛大家的情緒已經緊繃到一個高峰，看到這樣值得放心的結果擺在眼前，大家真的是開心透了！但是我們都知道，凡事都要懂得適可而止，很多事情只要變成「透了」，就等於「糟了」。我們再回過頭來看看孩子幹麼去了。是的，大家真的開心透了，有人甚至開始唱起海綿寶寶的歌，愈唱愈高興，從一個人唱變成全組都在唱，愈唱愈大聲，嘩嘩還順勢扮演起船長，不斷的喊著：「準備好了嗎，孩子們？」全組一搭一唱的，完全忘記自己到底在幹麼了！然後，時間到了。

在老師宣布時間到了的剎那，你真該看看孩子們的臉，全部的人表情瞬間凝結，比什麼果酸換膚都還有效；幾秒後，大家開始慢慢回到現實：時間到了，但是，那只差一小步的目標，還有一小半步沒做到。天啊！剛剛到底大家都在幹麼？那麼多時間，那麼簡單的一小步，大家都做什麼去了？那種詫異、那種驚恐、那種不可置信，以及那種複雜、多重又糾葛的情緒表情，我真該說，孩子們能在小小年紀就經驗到這樣的狀況，實在是三生有幸。

然後，再過幾秒鐘，大家慢慢的從震驚中清醒，小組裡年紀最大的小炳立刻大聲的罵曄曄：「陳曄平，你到底在幹麼？幹麼要跳舞？幹麼要假裝船長？你害大家都沒有過關，你知不知道？」憤怒的表情與強悍的聲音，尖銳的穿進每個在場者的耳朵。曄曄聽到小炳的指責，表情瞬間凝重，眼神透出兇意，雙手握拳，眉毛緊緊往眉心深扣，像是一團被捏緊的麵球，但嘴巴不發一語，嘴角的肌肉又強烈的想要撫平額頭上的緊鎖，因為曄曄很深刻的知道，這時候發脾氣絕對是不對的。很明顯，相信你也感覺得到，曄曄對於這樣的指責很有情緒，但是他選擇了壓抑與迴避。小炳見曄曄一句話也不說，自己噼哩啪啦的發洩情緒後，又轉頭瞪著倩倩：「你也是，你幹麼突然唱海綿寶寶？」突如其來的指責，讓倩倩顯得手足無措，肢體動作變得僵硬與不自在，一剛開始她也是自己小聲唱而已，哪料得到突然間全部的人都開始大聲跟進。倩倩的無辜與無助，毫不保留的顯示在臉上。

小炳也知道倩倩不是主要影響者，本來也只是說一兩句而已，沒想到原本杵在

被譴責而壓抑狀態的曄曄，聽到小炳將指責的矛頭轉向別人，竟然立刻更大聲、更強悍的怒視倩倩，用一副更加正氣凜然、更加理直氣壯的口吻破口大罵：「對！倩倩，你真的很糟糕，為什麼不用心做，為什麼突然分心唱海綿寶寶？都是你害的你知不知道？因為你亂唱害我們大家都沒有成功，我們差一點就過關了你知道嗎？你知道這樣又要重來一次會有多煩嗎？……」曄曄用幾近狂吼的聲音責罵倩倩，沒有一絲絲的留情。當然，下一秒鐘，老師也已開始介入處理。

## 笛寶貝解析

討論的過程，老師引導曄曄檢視自己情緒的感受，找出事發的情緒，而不是出口的情緒。很多時候，孩子（成人亦同）在面對某些情緒狀況時，不敢坦承面對解決，只敢在心裡產生情緒暗流，默默的不舒服，默默的承受、壓抑，以為有一天情緒就會自己不見。但是悶著不解決絕對不是好方法，壓住的問題永遠都是問題，壓

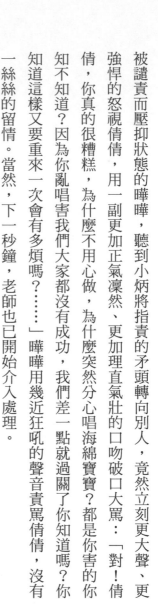

住的情緒也永遠都擱著心口上，載浮載沉，然後有些人一旦發現情緒有一個合理、正當的宣洩出口時，就順水推舟的把自己原本的情緒統統都砸在這個替死鬼身上，反正你真的做錯事，正在被罵不是嗎？

當老師一步步的帶著曄曄釐清情緒感受時，曄曄才恍然大悟：原來小炳罵他時，他已經在生氣了（眼神怒視、雙手緊握），但他沒有立即做處理，而是發現倩倩被罵、也乖乖被罵時，才把自己的不舒服統統丟到倩倩身上。這些話你看起來很簡單，不過幾句而已，但是真的要做到改變模式，絕對不是簡單的事，也絕對不是懂了就能通。尤其是對孩子而言，能夠懂，能夠發現自己剛剛的前後差異，理解自己的不對並且願意承認，這是非常不簡單的。但你知道嗎，曄曄當天除了理解並認錯之外，竟然還願意勇敢的向小炳表達生氣，請小柄向他道歉，同時也勇敢的向倩倩道歉。你說曄曄棒不棒？

其實習慣使用情緒轉移的孩子，通常對於情緒的感受十分敏銳，同樣一件事別人或許只感受到五分的痛苦，但對於這類型的孩子來說，恐怕已經感受到十分的痛苦了。也因為情緒對他們而言是這麼的強烈，因此情緒管理對他們來說更是重要；而在情緒管理的學習上，他們又比其他人多出很多的難題。看完這樣的解說，你因

此更加的焦慮擔心嗎？不要這麼擔心，因為水總是載舟又覆舟的，端看孩子是駕馭能力，還是被能力所駕馭。我們若能引導孩子學習如何敏銳的應用與管理情緒，那可不得了，不但不被問題罩住，孩子還能夠獲得敏銳的情緒覺察、辨識與調節能力，成為眾人中的萬人迷，敏銳的體貼者、冷靜的協調者，甚至卓越的領導者。

## 笛老師的建議

那麼，我們該如何讓孩子懂得正視情緒、正視問題，適度的為自己的行為做爭取表達呢？面對借題發揮的孩子，笛飛兒建議你可以試著跟我們一起這樣做：

### 1 在日常生活中多問孩子：「你現在是什麼感覺？」

生活中的每一情境都會帶動我們的情緒，只有我們學會面對每一情緒的徵兆，對情緒有更敏銳的覺察，我們才能辨識出自己真實的情緒，理解自己所遭遇的狀況與問題，進而更有效的管理自己的狀態。在日常生活中落實對情緒的敏感度與敏銳度，對於自己情緒的辨識與拿捏有更好的掌握，孩子自然就不會以欺騙自己來借題發揮了！

**2 在衝突片刻協助孩子表達情緒經驗：「你看起來好生氣，怎麼了？」**

了解情緒感受後，要進一步引導孩子了解情緒的原因，例如讓孩子表達出「**因為……**（例如：因為哥哥剛剛對我做鬼臉）」這樣的句子，才能幫助孩子學習辨識情緒的源由，因為沒有表達出來，就沒人知道孩子在氣什麼，也就無法有效的協助孩子化解情緒與解決難題。在生活中的適當時機引領孩子學習適切且溫柔的表達自己，孩子學會這樣的模式之後，自然不需要因為過多的擔心而隱忍，可以有機會排解情緒了！

**3 鼓勵孩子找到情緒解套的解決策略：「我們一起想一想，剛剛讓我們生氣的事，有什麼方法可以解決呢？」**

帶著孩子了解情緒，也了解情緒的前因後果後，我們必須認真正視一件事：對

孩子而言，情緒絕對不可能無端而來，所有的情緒背後一定扣著一個問題，一個讓孩子感到舒服或不舒服的問題，一個在孩子的生命歷程中有待解決的問題。因此，在我們了解情緒與情緒來源之後，一定要帶著孩子思考：「我們的問題是什麼？現在要怎麼解決問題？」讓孩子養成不斷面對並解決問題的習慣，是十分重要的，如果孩子可以理解情緒與問題總是環環相扣，調節情緒就是在解決生活上的問題，相信這世界不再有什麼難題可以困住孩子。

## 教養放大鏡

Yes（親愛的爸爸媽媽**可以**這樣做）

①**製造理由，讓孩子說出壓抑的情緒。**可以這樣說：

☺嘩嘩，如果是爸爸（媽媽）遇到這樣的事，我也會覺得生氣，你也跟我一樣嗎？

②孩子願意說出口後，肯定孩子正視心裡的感受。

☺曄曄，你可以勇敢搞清楚自己的感覺，還可以去告訴別人，把自己的不舒服解決，你有沒有覺得自己這樣很棒！

No

（親愛的爸爸媽媽請**不要**這樣做）

☹強迫孩子硬是向對方說出自己的不舒服。千萬不要這樣做：你剛剛已經在生氣了吧！為什麼剛剛生氣不承認，現在這樣亂罵人？這樣是對的嗎？去道歉！（在孩子尚未準備好就硬壓著孩子接受，只會讓孩子更不懂得對自己誠實，甚至因為被強迫與委屈，而對自己的心說了更多的謊言。這樣只會造成孩子更加無法學習情緒管理。）

【提醒爸爸媽媽，每個孩子都是獨特的，本身的個性與遭遇的問題都不相同，上述教養建議有課程個案的脈絡限制，可能無法適用於所有狀況。】

# 課程日誌

| 課程堂數 | 觀察摘要 |
|---|---|
| 第一堂 | 觀察慢熱型，一開始先適應再求表現。 |
| 第二堂 | 道德發展可能停留在好男好女階段，可再觀察。<br>情境覺察非常敏銳。 |
| 第五堂 | 會將情緒轉移（出氣到別人身上、反應強度大），引導20分鐘後面對原始情緒並做出處理。 |
| 第七堂 | 面對較強勢的朋友會壓抑情緒、否認情緒，將導致情緒不流通，無法坦然接受結果；給與爸爸媽媽家裡引導策略，下週需持續觀察。 |
| 第八堂 | 直接和強勢的隊友吵架（對曄曄來說是進步），顯示逐漸願意在他人面前表現情緒（目前是生氣）；引導後與對方討論，並解決生氣與修正不當的情緒表達策略。 |
| 第十堂 | 爸爸反應，孩子在家的情緒表達提升；幼稚園老師也說跟朋友相處上有進步。 |
| 第十二堂 | 關懷傾向，主動協助朋友完成任務。逐漸能將情境覺察的優勢能力運用在人際關係中。 |
| 第十三堂 | 機伶，懂得見風使舵，但根本上是逃避問題而非解決，10分鐘個別討論後，請他試試看勇敢面對。 |
| 第十五堂 | 不小心損壞教室物件，聽到需要負責時瘋狂哭鬧，個別處理30分鐘後為自己負責，承擔力進步。 |
| 第十七堂 | 請爸爸媽媽適度忽略曄曄的抱怨，不給予回應。 |
| 第二十一堂 | 遇到生氣會忍不住大聲，但可在大聲後及時注意自己動作與留意對方反應。（借題發揮→勇敢面對衝突→衝突中提高自我覺察→情境覺察） |

## 笛飛兒老師的話

孩子，請永遠對自己誠實。因為只有先具備不欺騙自己的力量，你才能夠在坦然面對問題的過程中，發現改變與成長的機會。

## 爸爸媽媽也想說

## 今天的笛寶貝

現在，嘩嘩對自己越來越誠實，不僅能夠勇敢承認自己的感覺，甚至在面對朋友所造成的不舒服時，嘩嘩也都能直接表現，甚至是委婉溫和的表現。讓我感受最深刻的，是小凱剛加入的那一堂課。

那天，嘩嘩與小凱一組。剛開始的時候，面對這個對一切都很陌生的新伙伴，嘩嘩努力讓自己得分，企圖用先馳得點的戰術，讓小組可以獲勝。嘩嘩的企圖是：擔心小凱還不懂得怎麼玩，乾脆自己先多得點分數，同時一邊教小凱，這豈不是一舉兩得。看著嘩嘩的藍圖，我想你不難明白，嘩嘩對自己多有信心，以及對成就的企圖心。

遊戲進行到後段，比數越來越接近，嘩嘩一個人努力賺來的分數也被其他小隊趕上了。面對這樣的危機，嘩嘩與小凱一臉認真的思考著，氣氛呈現緊繃的凝結狀態，再一題，勝負立現，但是，到底該怎麼辦，答案又是什麼？關鍵問題果然就是比較棘手。突然間，小凱露出驚喜的表情，飛快舉手，同時，因為小凱的奮力舉手，曄曄更是一臉驚喜，不斷跳上跳下，期待著這個答案將帶給他們最後的勝利……

不料，小凱竟然說出一個違反規則的答案，當老師宣布違規，必須請下一組作答時，只看到曄曄鐵青著臉，像柳葉刀一樣銳利的眼神，就這麼毫不猶豫的往小凱身上掃去。下一秒，曄曄頹喪的坐回位置，眼睜睜看著其他組在獲得答題機會後，後來居上的超越自己。這樣強烈的懊惱感，讓曄曄的眼神充滿火星似的憤怒，再次往已經縮在牆邊的小凱身上掃去。還記得以前的曄曄嗎？只要看到別人流露示弱與擔心的神色，一定直接火上添油似的猛罵；尤其現在這還是一個「老鳥與菜鳥」的一面倒局勢，此時不罵，更待何時？所有的情緒與壓力，就該趁勢全部倒到這個衰人身上才是。

就這樣，在獲勝組的歡呼聲中，曄曄直直走向小凱，然後低頭側身，對著小凱說：「算了啦，我們下次再努力吧！下次你要講答案之前，先跟我說好不好……」真的沒看錯？聽錯？這次曄曄竟然可以面對自己的情緒與沮喪，一派輕鬆的態度，還試著調節同伴小凱的緊張與愧疚感。只看到本來頭已經低到不能再低、眼神只敢偶爾飄向曄曄的小凱，眼神從愧疚轉為開心，緩緩的點點頭，也決定與其逃避不如盡早面對問題，盡早解除困境。

事後我問曄曄，到底發生了什麼事，他知道自己怎麼了嗎，怎麼可以在殺人眼神的十秒後，用截然不同的態度跟小凱說話？曄曄說：「我是很生氣啦……可是……他就真的搞不懂，這樣我生氣也沒有用；而且，我那時候應該先請他跟我討論，不是直接講答案的，我也有不對！……」聽見曄曄在不需要老師的引導下，就能夠自己反思，自己檢討，自己解決問題，懂得體諒，懂得發現別人身上的限制，懂得尊重，我想這就是為人師長最最真心的快樂與喜悅。

引領孩子發掘自己在生活上的困擾與難題，勇敢正視它，面對它，孩子才能成為自己生命的主人。而在這個情緒管理的學習過程中，解決問題的能力格外重要，因此我們可以透過與孩子討論，引導孩子自己去辨識、思考、尋找出問題的核心，請千萬不要直接告訴孩子問題是什麼、在哪裡，以及要怎麼解決。這樣的過程雖然快速，卻容易讓孩子更加依賴，更加不相信自己有辦法處理難題。

教養的目的是要讓孩子擁有離開家門後，在人的世界裡自在徜徉的能力，而不是讓孩子認為：「我得待在爸爸／媽媽身邊才能過得好。離開了他們，我可就遭了！」所以，請停下你正在為孩子扣鈕釦的手，請不要再幫孩子收拾碗筷、書包，讓他用小小笨拙的手學著為自己綁鞋帶。讀書是很重要，但研究數據早就不斷告訴我們，成績只能預測成績，國小成績好只能假設國中成績好的機率很大，卻無法預測孩子在離開學校之後，不再有老師、不再有考試卷的世界會怎樣。所以，與其為孩子省那一、兩分鐘的讀書時間，不如培養孩子為自己負責的態度，為自己承擔的勇氣，為自己不斷解決問題的能力，這才是孩子能不斷帶在身上、也在生命中不斷需要的重大能力。

當孩子能夠為自己解決問題，能夠讓自己被激起的生活回到平靜，能夠相信自己可以駕馭生命中的難題與困境，那我相信，你一定可以預見那真正掌握生命鑰匙的孩子的美好未來，沒有擔心，沒有煩惱，沒有焦慮，更沒有不斷的擦屁股，擁有的只有放心、信任以及看到孩子不斷跨越困境後的滿滿信心與成長價值。別以為這是天方夜譚，因為在笛飛兒裡，我們看到一個、一個又一個這樣的孩子，正在不斷的成長蛻變；一個、一個又一個嶄新低負擔的新親子關係正在不斷的醞釀成形，然而說穿了，都只是透過把能力留在孩子身上的這個方法而已。

# 4 柿子挑軟型

## 偷天換日，李代桃僵

舉世無敵的乾坤大挪移心法，你聽過嗎？沒錯，此門派高手就是擅長左挪右移的巧妙置換之術。那如魔術師般靈巧沉著的絢麗手法，保證讓你猜不透、摸不著，在完全搞不清頭緒的狀況下，你早已領教了蓋世神功！

## 媽媽的苦惱

蓓蓓已經一年級了，一直是一個很乖的孩子，常有人稱讚她好有禮貌啦、可愛啦、小幫手啦等等，在學校不管是學習還是表現也都很不錯。一切的毛病就出在這裡，這小姐有時候不知道是神經被切到還是接錯之類的，為一點小事就突然大呼小叫，發起飆來！

譬如說禮拜三老師就投訴說，一個同學經過不小心撞到她，她竟然很大聲的罵對方「沒長眼睛喔！」讓我真是嚇呆了！平常她被撞到都可以好好說，有禮貌的解決呀，這次為什麼會這樣？小朋友應該沒什麼賀爾蒙的問題吧？我也很少讓她吃垃圾食物，這樣突然發作到底是怎麼了？

她平常都可以自己完成功課，這也是我最驕傲又放心的地方，不需要操心，蓓蓓跟妹妹兩個人就會做完該做的事。但是偶爾，真的很偶爾，會聽到妹妹的哭聲，因為蓓蓓在打（罵）妹妹，我問她為什麼打妹妹，理由總是很莫名其妙，譬如說：因為妹妹玩玩具發出聲音，好吵。但是妹妹玩的是娃娃耶，幾隻娃娃擺來擺去會吵

？是見鬼喔？以前妹妹在旁邊玩的更大聲，她也沒說什麼，兩個小朋友都一起快快樂樂的度過，怎麼突然就這樣小題大作，真不知道要說什麼才好。或者說妹妹畫的圖太醜，所以她要教她。但是，平常也沒聽她講過不喜歡妹妹的圖，怎麼突然就覺得太醜，就打妹妹了？這到底是怎麼回事？

我實在搞不清是什麼地方有問題，大部分時候蓓蓓真是又乖又貼心，突然發作就亂發脾氣，一切都非常的莫名其妙，沒什麼道理。我到底該怎麼教他？該講的我都講了，難道真的要動手打人才有用？

——滿腹疑團的蓓蓓媽咪

相信不少媽媽跟我有同感，每次去學校回來都是滿腹疑惑：「老師說的真的是我們家小孩嗎？怎麼會這樣？」

我們旋旋今年升小三，每次學校日老師都說她有多安靜乖巧、脾氣好、人緣佳，聽到老師這樣的讚美，我當然很開心，可是又覺得這好像和我們家公主是不同的兩個人。

在家裡，旋旋像個小暴龍一樣，一天到晚都在發脾氣。吃飯請她好好吃，她要生氣；早上睡晚了，我請她動作快一點，她也要生氣；有時候學校回來，我看她聯絡簿寫的不清楚，稍微問一下，她也氣到不行……我真的都快不知道怎麼跟她相處了！面子這麼薄，稍微說一點不對她就反應很大。爸爸跟我說，現在是關鍵期，叫我盡量用誇獎的，給孩子多一點肯定，她才會對自己有自信，真的是這樣嗎？我覺得她好像是吃定我們，一切都在小題大做。

像前幾天，她一回到家就說要吃點心，我請她去洗手，結果洗好手後看到點心是麵包，竟然就大發脾氣，說她最討厭吃麵包（這不是她昨天吵著要買的嗎），她想吃蛋糕……鬧到後來我也生氣了，講話比較大聲，結果旋旋竟然大哭起來，說我都不愛她！

我真是不知道該怎麼辦，又心疼，可是又覺得很生氣，還要一邊克制自己的情緒，一邊不斷跟她說我很愛她，安撫很久才沒事。但我必須承認，我真的好累！

幾次跟老師談這種狀況，老師都很訝異，覺得不可能，因為她在學校的表現非常好，也不會跟同學吵架……我該說什麼呢？至少在學校表現得很好，很值得放心？放心歸放心，可是我覺得非常奇怪，怎麼在學校跟在家裡差這麼多，後來跟其他

媽媽聊，發現好像小朋友都這樣，老師講的才要聽，媽媽講的都不聽。唉！當娘的真有這麼不值？可是旋旋在家裡這樣下去也不是辦法，一天到晚都在生氣，而且讓我很難跟她相處……

——心力交瘁的旋旋媽咪

## 笛寶貝案例

小全八歲，國小二年級。

以大部分長輩的角度來看，小全真是一個棒透了的孩子，怎麼說呢？像今天是小全上課的第三週，三週裡，不管我們的主題是合作還是溝通，或是挫折容忍，不管旁邊的朋友們再怎麼番、怎麼抓狂、怎麼失控、再怎麼搗蛋不尊重人，儘管全班都生氣了，小全還是帶著微笑跟著課程腳步運作著，最多最多，就是在一些很特別的挑戰極限的狀況裡，譬如愛搗蛋的章章已經完全把小全當作自己的床墊一樣，躺在上面扭動翻滾時，你會看到小全的眉毛愈來愈靠近眼睛，愈來愈靠近眼睛……，然後，幾秒間，你就再也看不到眼睛上方的陰影，只會聽到小全用一種接近快樂的笑聲，半咯咯的喊著：「不要壓我啦！」

你說，小全是不是一個好棒的孩子？不管怎樣挑戰他的極限，不管怎麼踩他的邊界，他總是可以笑呵呵，都不會生氣，也不會吵架，也不會違反規則，更不會製造衝突，這樣的孩子，你說該不該稱他為「模範生」？

是的，小全非常聰明，不只期待自己有好表現，自我約束力也相當高。一進到班級裡，就非常快速的適應新同學，也不斷在課堂中力求表現，不管如何，都讓自己的表現符合期待、符合規則、符合條件。但是你知道媽媽與小全的困擾嗎？原來小全像是兩個人似的，在家裡跟在外面完全不一樣。在學校，小全總是好好朋友與超乖學生，不惹麻煩不作亂，不主動引發衝突也不被動產生衝突，一切$A^{+}$滿點；但是小全在家裡卻只要一丁點不如他意就變成炸彈客，一點小事就可以轟掉屋頂。看著家裡和學校的兩個小全，媽媽真的是又疑惑又擔心，是長大一點就可以把學校表現也帶回家嗎？那為什麼過了兩年了，家裡的問題只有愈演愈烈，卻沒看到任何轉變的徵兆？

在不斷的引導後，我們終於看到小全的憤怒是在「拒絕別人與接受別人拒絕」的課程。原本安排此主題是希望孩子學習如何適當的拒絕卻又不傷害對方，以及學習當自己被拒絕時可以如何因應，而非只是默默傷心或胡亂罵人。但對小全而言，願意讓自己在走出家門的地方展現情緒，這真的是一個走出壓抑的好大進步。

遊戲進行三十分鐘，只見小全坐在位置上，渾身不安。

因為聰明的小全，好想參加挑戰，好想過關得到自己期待的榮譽與目標。但直至目前為止，他已經試著去邀請過八次了，全都失敗。看著前往挑戰的朋友們得意洋洋的朗誦著分數的樣子，小全好懊惱：為什麼？為什麼自己會被拒絕這麼多次，卻一次也沒成功？小全沮喪的坐在牆邊，眼睛無力的掃視著正在進行遊戲的朋友們，留意周遭同學的各個舉動：是不是有人已經被拒絕了？是不是有人正在拒絕別人？是不是有人順利完成任務？只見小全的腳不斷重複著略微施力站起來，但又快速坐下，又略微施力站起來；八分鐘後，小全好不容易停止掙扎，決定起身找同伴一起過關，沒想到對方果然又再次有禮貌的拒絕小全。這次，才剛聽到對方說：「對不起，我沒辦法跟你一起！」小全突然以高分貝的嗓音尖叫：「啊啊啊啊啊啊啊啊……」

禮貌不見得都能逢凶化吉，一帆風順。總是在家門外偽裝堅強的小全，這次失控了！

## 笛寶貝解析

像小全這樣的孩子，確實總有兩套樣子。在城堡外，因為擔心炸彈爆炸的後果，所以他們熟悉禮儀，遵守禮貌，總是知書達禮，溫文儒雅。老師說舉手，小全一定舉起大家所期待的右手，手臂打直，分毫不差；朋友說玩溜滑梯，小全一定與伙伴們一起到滑梯口報到，不爭先，不恐後，更不惹人多用一絲眼角餘光瞄一下。對這時候的小全而言，不妄作，不強求，以和為貴就是生活的上上之策，不需要管自己需要什麼，只要懂這時候自己應該做什麼，跟著大家走，生活就是對的。對吧？

當然不對。就連雙胞胎都會吵架，小全怎麼可能完全符合身邊所有人的期待。這下好了，為了符合這些期待，所花的力氣、壓抑、吞忍、套入模版，以及在這些

過程中所承受的總總委屈，別以為小全可以天生就擁有神力，不舒服可以在承受後自動自發的化解（這樣EQ也就不用學了，大家都來注射抗體就好）。那麼，不能化解的情緒，會在心裡產生什麼化學或物理變化呢？

所有的不開心：包括生氣、傷心、挫折與失敗，小全第一時間就是把情緒往肚子裡吞，努力忍著，因為不知道如何適當表達自己，如何適當的解決問題。對他們來說，所有與不開心有關的情緒都是不對的，因為這些情緒別人不喜歡，因為這些情緒是「不好的」、「不乖的」（真的是這樣嗎？笛飛兒必須很真切的告訴你，其實從來就沒有什麼不好的情緒，永遠只有不恰當的表達方式）。也因為擔心別人的不喜歡與責備，因此小全對外都選擇逆來順受，委曲求全，一再忍讓。

然後，心受不住了，該怎麼辦呢？沒關係，小全還擁有最完美的情緒魔法師……喔！不對，是情緒垃圾桶才對，還是爸爸媽媽造型的喔，好看又好用，打不壞、摔不爛，真的非常值得推薦呢！在外面當受氣包承受委屈沒關係，只要回到家裡對爸爸媽媽發飆就好啦！理由很奇怪沒關係，電燈開太慢或開太快都不是重點，因為重要的不是電燈，也不是時間，只是小全要找一個情緒的出口，讓壓抑的情緒可以奔騰而出而已。不宣洩，那完美的形象小全如何承受得住？當情緒累積愈多，強度愈大，總是左邊收，右邊放，對誰公平？對於這個承受與轉介的平台——孩子自己，又如何能不沉重？一旦情緒忍耐到達極限，來不及轉載，一瞬間無法承受，或是一口氣爆發出來時，誰又得來收拾後果？

安全對象總是最完美的垃圾桶，所以小全選擇了深愛他的爸爸媽媽，以及後續的笛飛兒老師，但遇到其他人總是十分完美的「乖孩子」、「模範生」。只是，這樣的過程對孩子真的適當嗎？

在引導孩子面對情緒與對情緒做適當的表達與管理之後，笛飛兒開始引導爸爸媽媽如何在家裡適度的帶著小全尊重自己、尊重別人與情緒管理。讓小全面對真實世界應該有的結果——原本小全爸爸媽媽因為對小全的愛，以及看到小全的為難與委屈，捨不得對小全生氣、捨不得他覺得痛苦，因此當垃圾桶雖然為難，卻也只能繼續承受。

看到孩子在我們面前哭得聲嘶力竭、肝腸寸斷，相信很多爸爸媽媽都會感到心疼、難過與不捨，感受到孩子的痛苦，深切希望自己可以幫他做點什麼，而後轉變為對孩子的要求妥協，以答應他的條件收場……爸爸媽媽的這些掙扎和痛苦，我們可以理解，但是，我們能為孩子解決多久的問題呢？

## 笛老師的建議

像小全這類型的孩子，我們該怎麼幫他處理情緒的議題呢？在笛飛兒，我們會這麼開始：

**1 當孩子對我們（成人）釋放情緒時，請等一等（至少在心裡慢慢地從一數到二十）**

這個建議說來容易，做起來可不簡單，因為孩子常對如何激怒身旁的人（例如爸爸媽媽）是很在行的，所以當他們拗起來時，往往釋放出來的訊息是很立即，且會引發旁人的情緒。但是如果我們可以先讓自己緩慢的從一數到二十，就比較能夠抽出身來當個客觀的第三者，不會立刻捲入孩子的問題之中。這段時間也將給予緩衝，讓我們觀察孩子（例如是真的生氣還是假的生氣、為何生氣、氣的有道理還是沒道理），才能知道接下來該怎麼辦。

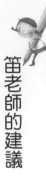

## 2 找出孩子情緒的起因

在第一步已經先等待之後，我們可以聆聽孩子說出來的話，找到他關注的焦點；切勿著急，因為著急的時候容易讓我們自己的情緒管理也需要調整（在爸爸媽媽們發現自己愈來愈著急時，建議回到第一步，在心裡緩慢數到二十，讓自己退開一下劍拔弩張的場景）。一定要找到孩子關注的焦點，才能跟他並肩解決問題（非常不建議轉移孩子焦點，因為轉移了只是將癥結點引爆的時間往後挪動，孩子仍不具備解決當下問題的能力）。

## 3 示範適當的情緒表達

當個好的楷模，因為孩子在有情緒的時候，常是他可以快速學習的時機。爸爸媽媽可以回想看看，在我們記憶中比較深刻的畫面，是不是都伴隨著情緒而讓我們歷歷在目，因此，若能運用對孩子來說比較深刻的經驗，讓他們有好的學習，相信會達到事半功倍的效果（但爸爸媽媽會比較辛苦，甚至是考驗爸爸媽媽的EQ能力）。所以笛飛兒老師常在跟孩子相處時，對孩子清楚的示範我們處理情緒的方式（

一方面跟孩子說：我知道你好生氣；另一方面也不斷提醒孩子，如果你可以用好的方式說，我很願意幫你；可是如果你只是一直想要惹我生氣，那你也快要成功了），所以在家裡爸爸媽媽也可以示範適當的情緒表達方式，說明自己的負向情緒，在快被孩子的壞脾氣影響時，我們甚至可以對他說：「請你好好的說，不然我不知道怎麼回事？而且你再繼續用這種方式，我也快對你生氣了！」但提醒爸爸媽媽，生氣時也要維持理智的生氣哦！

### 4 確認並澄清孩子真實的情緒起因

如同小全與旋旋一樣，垃圾車型的孩子，往往大吵大鬧的事情，都不是真實的情緒起因，真實的原因常被孩子的焦慮與害怕掩蓋起來了。所以相當重要的是帶著孩子一步步的釐清真正的情緒起源，才能治本的引導孩子學會情緒管理。

### 5 引導孩子學習解決情緒來源問題

情緒的爆發絕對其來有自，孩子不可能發神經的就生氣或高興，所以在對孩子下判斷之前，一定要更確實的判斷與釐清孩子的情緒起因。當然，原因找出來之後，問題並不會自動解決，所以引導孩子學習在情緒起因的當下，如何更適當的面對自己，面對他人，面對環境與面對困難，絕對是至關重要的。當孩子學會自己在難題中判斷與解決時，你也將發現，總是運送回家的垃圾車消失了，取而代之的，是一個自在的與你分享生活中每一時刻的小天使。

## 教養放大鏡

**Yes**（親愛的爸爸媽媽**可以**這樣做）

**①將「以和為貴」的信念再進化，引導孩子發掘雙贏的可能。**與孩子可以這樣練習：

☺小全，有沒有你高興別人也高興的方式？我相信你只要清楚地跟別人說你不喜歡的原因，而不是故意說一些難聽話來傷害別人，我想這樣你自己高興，你的朋友也不會對你生氣，你要不要試試看？

②提醒孩子回頭找找最一開始讓自己不舒服的感覺與事件。我們可以與孩子一起這樣思考：

☺小全，一開始別人一直壓在你身上是什麼感覺？這個感覺後來又變成什麼樣的感覺？（孩子若說不太出來，爸爸媽媽可以站在孩子的立場想想，若是自己發生同樣的事情，會有什麼樣的情緒。）

No

（親愛的爸爸媽媽請**不要**這樣做）

☹一股腦地全盤接受孩子沒道理的情緒。千萬別這樣做：真的，你很生氣？好啦好啦！不要生氣啦！都是媽媽（爸爸）的錯好不好？媽媽剛剛不應該說才怪的。好嗎？對不起啦！（爸爸媽媽要拒當孩子的情緒垃圾桶，可適當的向孩子表明：如果你將對別人的怒氣拿來對我發脾氣的話，我也要對你生氣了！）

【提醒爸爸媽媽，每個孩子都是獨特的，本身的個性與遭遇的問題都不相同，上述教養建議有課程個案的脈絡限制，可能無法適用於所有狀況。】

# 課程日誌

| 課程堂數 | 觀察摘要 |
| --- | --- |
| 第一堂 | 觀察型，第一堂課表現帶保留與慢拍，需再觀察。<br>爸爸媽媽課後反應小全在家每天至少發三到五次脾氣，強度非常大。 |
| 第二堂 | 極度在意外界的評價與眼光。<br>鼓勵自我表達，稍微引導情緒。（原本完全不承認自己的負向情緒，引導約5~10分鐘後承認自己有「生氣」。） |
| 第五堂 | 跟爸媽、小全一起討論，制訂在家的情緒表現公約。 |
| 第六堂 | 表現退卻，擔心，課後詢問爸媽，爸爸表態昨天小全有違反制訂的公約，但整體在家表現是進步的。與爸媽、小全一起審視、檢討與鼓勵上週表現，鼓勵小全在教室勇敢表達。 |
| 第八堂 | 已能承認「生氣」的情緒，面對挫折能不斷有創造性思考。 |
| 第十堂 | 生活知識薄弱，導致反應慢拍。需鼓勵多嘗試、多表達、多思考。 |
| 第十一堂 | 面對友伴的拒絕，呈現僵硬狀態，不久後主動爭取下一次合作機會（原本只會摸摸鼻子走開）。 |
| 第十二堂 | 自主性提高，能勇敢拒絕友伴（原本完全順應、壓抑自己的想法），能提出自己的想法，在意他人評價的強度降低。 |
| 第十三堂 | （進步）能夠面對面跟朋友說出自己生氣的事，請對方道歉（小聲）。（以前是無條件原諒對方，也不會告知對方已經造成自己的不舒服。） |
| 第十四堂 | 鼓勵孩子在教室暫時轉班，先以強化自信、加強自主表達為主要成長目標。 |
| 第十七堂 | 媽媽今天特地到教室表達感謝（已轉班是明天才有課），非常高興的說現在在家裡幾乎不會亂發脾氣，偶爾的情緒爆炸還是會有，但跟以前比起來進步非常多。 |

## 笛飛兒老師的話

每個人都需要發洩情緒，但如何發洩情緒卻不傷人，甚至可以讓情緒自在流動而身邊人卻感受快樂開心，這就是情緒管理等級的不同，而這個不同，也會慢慢不斷的變換成生命價值的差異。

## 爸爸媽媽也想說

## 今天的笛寶貝

讓孩子學會為自己承擔與判斷、解決難關，才是最重要的長久之計。我們來看看小全在課程中與爸爸媽媽的共同引導後，可以做到哪些表現？

課程當天採分組競賽，小全一開始鎖定目標，決定邀請Molly同組，但因為Molly已經被Candy邀請了，所以小全得到的答案是NO，先前小全在遇到人際失敗或挫折時，是尷尬的離開，將情緒往肚裡送，但是當天小全勇敢地站在Molly旁邊，並沒有離開，也沒有將情緒一股腦地倒出來，反而好好的問Molly說：「為什麼你不可以跟我一組？」懂得主動幫自己找尋喜歡的朋友，勇敢出擊，是很棒的；但能夠面對自己喜歡的人的拒絕，鼓起勇氣搞清楚對方為什麼拒絕（要知道對方為什麼拒絕，才有下一步成功的可能），是更有勇氣的表現。聽到Molly的回答後，小全一屁股坐到Molly旁邊，跟Molly說：「那你跟他一組完後，跟我好不好？我在這裡等你！」找到問題的癥結之後，小全再度提出他的解決方案與邀請，只看到Molly點點頭說：「好啊！」就這樣，小全成功的克服難題，讓自己如願以償！在

發生不舒服情緒的當下，勇敢去看，立刻處理讓自己不舒服的感覺，而不是像以前一樣壓抑自己，偽裝沒有不舒服（覺得生氣很不好），卻又將情緒做不合理的移轉與傾瀉，小全的進步讓老師跟爸爸媽媽又高興又驚訝。

教ＥＱ，真的是門很大的學問。我們常笑著對爸爸媽媽說，要教孩子ＥＱ，老師自己都要先在家裡偷偷磨練，把自己的ＥＱ處理好，才能當好情緒教練的角色。只是每個人遇到的難題都不一樣，可能一個拳打腳踢的憤怒情緒表達，在十個孩子身上，有二十個不同的可能原因，因此唯有透過了解孩子，才能真正幫助他們，而看到他們逐步成長的過程，也讓我們體會到更多的無限可能。順著孩子的本性發展，但也在過程中提醒他（可以再多留意什麼）、扶持他（一起面對困難與挑戰），培植孩子的能力，就可以幫助他擁有可以克服困難的翅膀。

對笛飛兒來說，情緒管理絕對不只是「情緒好」就夠了，而是孩子對自我有更通透的認識、對情緒有更流通的感受、與人交往有更多元的快樂，甚至對自己有更高遠的期待……情緒反應出來的，通常不只是情緒，更多是反應出對自己的不滿和掙扎，只是孩子有意識或沒意識到罷了。

因此，我們在課程裡不斷帶孩子藉由多種方式認識自己、肯定自己，透過自我的探索、對自己的詰問、與環境的互動，帶領孩子不斷重新修正自我意象，像個古希臘的小小哲學家，我們希望孩子在思辨的過程中，找到自己滿意的概念與期盼。不管是好朋友對自己生氣，或是心愛的玩具不小心被朋友弄壞了，這些難題每天都在世界的各個角落上演，挫敗與困難，常常都換湯不換藥的存在生活的各個框框角角中，隨時等著我們來接招。

孩子不可能在笛飛兒（或任何一個空間）解決所有的難題，但我們期待透過難題的試煉，帶孩子多元與多樣化的面對自己、感受自己，找出問題解決策略。我們希望孩子在靠自己的力量解決生命中各項課題的過程中，感受害怕、擔心和恐懼，盡情的享受生命中的喜樂哀樂悲苦，然後了解，這些生活中的智慧，都是彼此串連與流通的。把智慧刻在心上的同時，孩子也將擁有更多的力量，迎戰未來，然後開創價值！

# 5 碎念抱怨型

## 魔音繞繞，不絕於耳

知道嗎？有一種最最上層的武功，單用眼睛你完全無法感覺到正被襲擊，在那一片安然祥和的視覺畫面裡，招式早已黏附在空氣中的各個分子，不斷的藉由敲擊耳膜，直接而強勁的攻擊主宰你身體各部位的大腦！此功張嘴可發，不需套用任何拳腳招式，真正是勝敵於無奈、無助、無形之間！

# 媽媽的苦惱

我家小寶今年七歲，準備要上小學。現在我在教養上遇到的麻煩是：小寶雖然口頭和動作上願意去做我要求的事情，可是卻一邊做一邊一直碎碎念，做起事來也隨隨便便的，什麼也做不好。這種態度我跟他說了好幾百次，沒有用，一樣還是這樣，不甘不願的。這以後有人想請他工作嗎？

拿拼拼圖來說吧。聽說拼圖可以培養小朋友的耐心，我還特地去買了他最喜歡的恐龍拼圖，晚餐後就讓他和爸爸一起在客廳拼，然而整個晚上耳邊不斷傳來「很難耶！」「找不到！」「不想玩了！」「煩耶！」「吼！」「爸爸，幫我啦！」這些抱怨的話幾乎沒停過，我都不曉得拼圖原來是用嘴巴拼的！然後你看他在幹麼，是在拼拼圖還是在撈魚？隨隨便便拿一些一看就知道缺口不一樣的下去對，這對得起來嗎？我和爸爸看的都火大了，這到底是在培養誰的耐心？真是沒事找事做！

不只如此，平常的事也一樣，我只講了一句請他收玩具，不得了了，他可以講一百句：「我還沒玩完……」「每次都只有玩一下下……」「很多耶！」「我都收

不完……」「為什麼現在要收玩具？」再搭配上慢動作，這已經夠讓人失控了，還每次都不好好看，就把玩具往箱子的方向亂丟，然後再拖著腳，像老人一樣意興闌珊的去撿起來，收個玩具要收二、三十分鐘，飯菜都涼了。這是怎樣？是要磨我的耐性嗎？是老天爺要透過他來教我什麼叫情緒管理？我真的快發瘋、快抓狂了，看他做事，我真想直接自己做算了！有時候看他那樣子，我都快忍不住想拿棍子揍他了。關於這樣的狀態，我們到底應該怎麼辦才好？

——身心俱疲的小寶媽咪

## 笛寶貝案例

小惠，女生，升小一。

小惠是一個聰明又機靈的女孩，你只要和她相處不到十分鐘，就一定可以發現這一點。小惠講起話來口若懸河，應答如流，讓你不禁驚訝一個剛讀小學一年級的孩子，怎麼這麼會講話，這麼有自己的想法，這麼懂得發表意見，以及這麼的會殺價？不，不，是談判！不，是折衷彼此的意見……簡單說，小惠總是很清楚自己要什麼與不要什麼，因此總是能不斷的為自己表明立場，然後提案、要求，再提案，再要求。嗯，你覺得這樣的孩子很不錯是不是，其實我也這麼覺得，那麼，媽媽在困擾或擔心什麼呢？

記得那天遊戲開始，小惠動作明快地邀請了幾位好朋友與她一組，加上小惠共有四人，算是為數不小的團隊。剛開始，小惠這組因為占了人數上的優勢，不斷輕鬆過關。然而，隨著過關條件愈來愈困難，小惠和伙伴們開始陷入嚴重的意見分歧點。在這一個關卡，全組必須通力合作蓋出一棟房子，但是究竟要蓋什麼樣的房子呢？小惠與伙伴們熱烈的討論，真的很熱烈，熱烈到都快冒火、冒泡了，因為四個小女生各執己見、各說各話、各別主張，完全找不到共識，只聽到話愈講愈大聲，臉部肌肉愈來愈僵硬，眼神愈來愈尖銳；由於每個孩子都只將焦點放在自己的意見上，因此他們一直無法突破眼前的瓶頸，完全的缺乏交集卻又以為大家在溝通，真是典型的合作失敗案例。你可別以為我正拿某間公司裡會議室的場景來胡扯，這真的就是當時這一群一、二、三年級女生的討論現場。

因此老師開始介入引導，帶著孩子們思考，究竟是要各執一詞，然後鬥嘴勝過解決問題，讓其他組快速超越自己的進度，還是試著了解別人在說些什麼，找個大家都能接受的方式，趕快去努力執行。這些話講起來容易，要讓孩子打從心底了解問題在哪裡，面對與延緩想要自己提案獲勝的情緒與目標，並且重新認識與認同周邊的伙伴與問題，可真是不簡單的一件事！

接著，小惠與伙伴們再次溝通，也有了新的局面，三對一，小惠的提案被撤銷了。儘管小惠不斷的堅持再堅持，但在知道自己的提案無效之後，便像是洩了氣的皮球一樣，無精打采的，可不消一會兒的時間，小惠就決定面對現實，用帶點無奈的聲音說著：「好啦，好啦，就照大家同意的這樣吧！……」一聽到團隊達成共識，其他人都高興的大聲歡呼，立刻手腳並用的忙了起來，目標只有一個，繼續突破關卡，維持領先的地位。

你是不是也跟其他孩子一樣，覺得過了討論這一關之後，一切都將一帆風順？是的，乍看之下應該是這樣沒錯，但是，生命中最有趣的地方便是，事情的發展總是不如預期。執行的過程中，孩子們很努力的開始完成剛剛討論出來的計畫，但是，除了看到大家像小螞蟻一樣的辛勤努力，以及「其他人」的認真臉孔外，有一個人的臉好像怪怪的，嘴巴都嘟到要撐住鼻子了，眉頭還微微皺著，嗯，其實不只是表情而已，工作的速度好像也比其他人慢了好幾拍！喔，不只這些線索，因為你還可以聽到她一直清楚的在說著話：「這樣的房子很不堅固耶！」「用想的就覺得不好，幹麼要這樣做！」「沒有屋頂也沒有窗戶，連門都沒有，實在是很遜耶！」「吼，怎麼這麼重啊？是想要把人累死啊？」「吼？幹麼一直掉啊？到底還要拿幾次？」「很煩耶！就說我的方法比較好吧……」「怎麼會有人用這個當地板啊？怎麼會這麼笨啊！」一連串的嫌棄與抱怨就這樣像蝗蟲災害似的轟炸而來，你隔著一本書看覺得怎麼樣，也很煩吧？那我想你應該可以了解小惠的組員們最後到底有多煩躁，到底有多想轟她，到底還剩下多少對她的喜歡、尊重與信任。

## 笛寶貝解析

是的，如你所想像的，小惠並不是只跟朋友相處時如此，在家裡也一樣，當她

的意見與想法沒有辦法被執行時，不管是因為天不時、地不利還是人不和，只要她的意願與事實發展不同，是的，她還是會去做，但是，同時一起出現的live抱怨員，會讓你一時突然間腦袋失控，很想像打死在耳邊不斷嗡嗡飛舞的蚊子一樣，一巴掌把牠……嗯！這只是描述感觸而已，我們都知道小惠不是蚊子，我們也不能因為自己的情緒而對她做什麼，因為這樣以暴制暴對小惠的發展很不好，但是，小惠的媽媽與爸爸希望你可以了解，小惠這樣的狀態對身邊的人發展更不好，這是一種神經線瀕臨斷裂的精神折磨問題。

小惠的情緒來自於現實必須妥協，但她又不想對現實妥協，在問題無法解決的狀態下，小惠的理智告訴自己要接納，但是情感上卻完全不是那麼一回事，因此產生了一個矛盾的小惠。理智告訴自己的身體我得做，但是心理的無法承受與無法釋懷，讓小惠想為自己的情緒找個出口，於是便展現在她絕佳的口語表達能力上，不斷地抱怨、不斷地挑剔、不斷地碎碎念，藉著這樣的方式讓自己好過些。當然，小惠並不知道，這樣的過程以結論而言，是會讓她生活更難過的，因為旁邊的人都已經將她貼上了情緒標籤。

這類的孩子，「想要」與「應該」很不平衡。

他們知道要執行「應該」，卻又放不下「想要」。

想要在家裡睡到飽，可是應該要去上學……所以，上學很煩耶！

想要每天玩的很開心，可是應該要寫功課……所以，功課真是討厭得要命！

想要一直吃很好吃的東西，可是應該要與別人分享……所以，朋友真的讓人很生氣！

在這類型的孩子身上，情緒就像是堵不住的水壩一樣，從有漏洞的防水閘門裡，不斷的從缺口中，湧出，湧出，再湧出。

## 笛老師的建議

遇到小惠這類型的孩子，我們可以怎麼辦呢？一起來看看笛飛兒老師會做些什麼？

## 1 跟孩子溝通「應該」背後的道理

每個應該，背後都有一定的道理。像是：上學是為了更廣泛的獲得知識與能力；寫功課是為了擁有完整的學習……把這些真實的原因用孩子的話清楚的說明白。有時候孩子比較看重眼前的「想要」（我想吃糖），因此會設法逃避帶給他們痛苦的「應該」。與其用威權強迫孩子去做，不如跟孩子一起討論，找出這些「應該」背後的道理，千萬不要告訴孩子「就是這樣」、「沒有為什麼」，或只是告訴孩子「因為大家都這麼做」。請把「應該」背後真實的得與失、利與弊，完完整整的讓孩子清楚了解，孩子才能在思考中為自己判斷、為自己拿捏、為自己選擇與承擔。

## 2 把磨練、選擇與代價還給孩子

有時候爸爸媽媽會很疑惑，為什麼該講的道理都講了，孩子卻還是抱怨個不停；但是如果讓孩子自己選，他又告訴你他想選擇應該，選完之後，他依然還是不停的抱怨。遇到這樣的狀況時，請爸爸媽媽注意一件事：你是否是個太好的父母，將孩子生活中的磨難與代價都消除了！如果是這樣的話，請開始慢慢的要求自己：相信孩子，並收起你對孩子太多的心疼與不捨，把磨練與代價還給孩子，該哭的事情就讓孩子去哭，該撞破頭的事情就讓孩子去撞，受傷是成長中不可避免甚至是非常重要的因素，沒有傷口的人，不會懂得自我要求、自我節制與設定目標。請把眼睛閉上，把手放進口袋，教育完孩子，就把困難留給他們自己解決。

## 3 帶孩子認識不同的生活

在都市長大的孩子，由於教育與生活資源的富足，往往很難想像住在偏遠山區的學生，每天為了上學，至少得走一個小時的山路；由於生活的便利，也很難想像有人為了一家子要喝的水，得爬過幾個山頭到河邊……要知福，才能懂得惜福。孩子如果抱怨得多，爸爸媽媽不妨也換個角度，讓孩子體會看看他擁有什麼，而不是總在意自己失去了什麼、少了什麼。多參與不同的角色、不同的世界、不同的生活，閱讀不同的書籍、不同的人生，都可以幫助孩子更認識自己，他才會懂得更珍惜自己所擁有的，而不是老抱怨自己不足的。對於這樣想面對又無法面對的孩子，情緒管理的學習不能著重在技巧策略，而是心寬能受的人生態度上。而最簡單的磨練方式，便是留一些家事給孩子！讓孩子體會不同的位置與生活。

# 教養放大鏡

Yes（親愛的爸爸媽媽**可以**這樣做）

**①以柔克剛化解孩子刺蝟般的情緒反應，有效卸下孩子的自我防衛。像是：**

☺保有關心但不討好孩子的原則：

好好說才能解決問題，一直亂抱怨，是無法得到正向回應的。

☺適時拉開與孩子激烈情緒的漩渦，重點是讓孩子的冷靜，以及讓我們盡量不受孩子的情緒影響，但也無需刻意表現冷淡，像是：在孩子的視線範圍內，但與孩子保有一百公分左右的距離（不建議完全離開孩子視線）；或是：小惠，我在這邊等你，等你想好好說再來找我喔（暫時起身，但仍在孩子的視線範圍內）。

**②以「玩遊戲」的形式向孩子呈現背後的道理。**可以向孩子說：

☺寶貝，我們來玩一個想一想的遊戲，就是要比比看誰可以想出最多「為什麼要寫功課的原因」，能想出最多的人，就算獲勝喔！

No

（親愛的爸爸媽媽請**不要**這樣做）

☹替孩子收拾殘局，解決孩子的問題。千萬不要這樣做：小美拿你的橡皮擦？怎麼可以這樣？小美家電話幾號，我打電話給她媽媽！（**如此只會讓孩子養成只要抱怨就會有人幫忙解決問題的壞習慣**）

☹開始講道理，發脾氣。千萬不要這樣做：老師叫你寫功課，你就寫，講那麼多幹麼？出功課給你寫就是要你學習，你現在不開始寫，小心我揍你！

【提醒爸爸媽媽，每個孩子都是獨特的，本身的個性與遭遇的問題都不相同，上述教養建議有課程個案的脈絡限制，可能無法適用於所有狀況。】

## 今天的笛寶貝

經過學習與引導後，小惠媽媽在一次課後與我分享一件有趣的成長：以前小惠

## 課程日誌

| 課程堂數 | 觀察摘要 |
|---|---|
| 第一堂 | 口語表達能力佳，對新環境快速適應。引導後能清楚表達自己面對衝突時的想法。 |
| 第三堂 | 對自己的想法極度堅持，同儕相處時常因堅持而遇到困難。雖妥協但會不斷抱怨。引導約20分鐘後才一邊嘟噥、一邊讓自己接受合作的意義。 |
| 第四堂 | 跟小敏大吵架！肢體語言強度過大，會讓人模糊對話語內容的關注，不肯先認錯。個別處理約30分鐘。 |
| 第五堂 | 反應強度第一時間仍大，但5秒內即可收斂。（進步） |
| 第八堂 | 主動關心隊友，能示好並接納兩次左右友伴的負向回饋（約到第三次小惠會立刻跳腳）。 |
| 第九堂 | 遵守指示是小惠的罩門。遇到不想做的會不停碎念，甚至不斷抱怨到引起周遭朋友的大反彈！連好朋友小影都表達對他的不悅。課後給予爸爸策略，請他在家裡執行。 |
| 第十三堂 | 媽媽回饋，現在在家裡做點心時，小惠抱怨明顯變少（以前攪三下奶油就會開始念不停，第六下就不想做了！現在可以幫忙做到完，雖然還是會抱怨，但頻率與強度下降許多）。 |
| 第十五堂 | （明顯進步）因為隊友屢勸不聽，大發脾氣後自己到一旁冷靜，約5分鐘後尋求老師協助，面對並化解衝突。<br>願意接納更多友伴，並給朋友更多機會。 |
| 第十七堂 | 合作過程因為同組某位伙伴頻頻犯規、屢勸不聽，導致小惠情緒爆炸，大罵、大哭。引導約20分鐘後OK。 |
| 第二十二堂 | 上課一直恍神，詢問媽媽當天是否發生什麼事，媽媽提到在前一個才藝班小惠因為一直跟同學傳紙條聊天，老師嚴厲的罵她。詢問完後，與小惠後續討論情緒管理的重要。 |
| 第三十堂 | 今天小惠展現高度的領導力，帶領小組邁向成功，衝突協商策略多元、包容增加、目標設定明確、軟硬兼施讓同組成員願意效力，是非常棒的表現。 |

## 笛飛兒老師的話

孩子，請真實的面對自己的每一種情緒。因為這些快樂與悲傷，都在告訴你如何讓自己變得更好。

## 爸爸媽媽也想說

在家裡總是只想做自己的事，不想做她毫無意願的事。看書、畫圖、玩拼圖，小惠總是全神貫注，但是請她幫忙倒杯水、掃個地、擦擦桌子，那可真是不得了，從聽到訊息開始，直到把事情辦完的十分鐘到一小時不等，小惠的嘴巴不斷抱怨。但是現在小惠變了，以前請她做事一定是不甘不願的，現在竟然主動幫忙做家事，不用媽媽開口，她可以在自己的空檔時間，詢問媽媽今天拖地了沒？要不要幫忙？甚至需要耗費長時間、可能會手酸腳酸的家事，小惠也能夠認真努力的執行。

以前媽媽告訴小惠哪個地方應該用什麼方法去做時，小惠總是當作馬耳東風，在埋怨中用自己的方法隨意應付，但是現在，小惠不但願意用媽媽的方法試試看，還會在過程中感謝媽媽，讚美媽媽的方法真的是俐落有效。抱怨變少了，承擔變多了，媽媽對於小惠的改變真的是又開心又驚喜，也感到好驕傲。

其實，當孩子能夠為自己找到學習的樂趣、工作的樂趣，知道他為什麼而做，為什麼目標而做時，別驚訝，孩子能做到的事將超出你我的想像。把智慧交給孩子，讓他們學習懂得為自己設定目標，懂得在過程中感受快樂，懂得將過程中的辛苦與疲憊化成學習與成就，你將發現，他們將不斷的超越自己，比棒還要再更棒！這段不用再為孩子操心的過程，笛飛兒希望能跟深愛孩子的你一起分享。

# 〔附錄〕寶貝問題表

## 一・寶貝小檔案

1 年齡：　　歲

2 性別：□男生／□女生

3 就學狀況：□已入學／□未入學

## 二・寶貝在家狀況

1 當孩子遇到困難時：

□總是大哭大鬧，也不說自己怎麼了

□都不說，直到大人發現他的難處

□能主動尋求他人協助

□假裝什麼事都沒發生

□覺得都是別人害的

□做不好就撕毀物品

2 當孩子想得到某樣東西時：

- □ 能與他人討論自己的想要
- □ 強勢搶奪自己的想要
- □ 悶不吭聲，不敢為自己爭取
- □ 哭著說自己很委屈
- □ 大吼大叫直到得到自己的想要

3 媽媽／爸爸在與孩子討論的時候：

- □ 一講話就頂嘴，沒幾句就吵架
- □ 媽媽／爸爸講什麼都不願意聽
- □ 總是無法聽從爸媽指令
- □ 只聽自己想聽的，不想聽的假裝沒聽到
- □ 做錯事不承認
- □ 怎麼罰都無所謂

4 孩子寫作業及生活自理態度：

- □ 寫作業總是拖拖拉拉
- □ 遇到麻煩或困難的題目就說不會寫

□檢查很多遍還是錯很多
□容易被別人影響
□容易分心，東摸摸西摸摸
□玩起來就什麼都忘記了
□學什麼都三分鐘熱度
□做什麼事情都要人家幫忙

## 三・寶貝的學校狀況

1 寶貝和他的朋友：

□沒有朋友
□朋友說什麼他就做什麼
□講話不清楚，只顧著講自己的話
□愛生氣
□被欺負無所謂
□生氣就出手打人／罵別人
□說話總是很小聲

□無法分享玩具／物品

□愛告狀

□一遇到人就想要躲起來

□只想自己都不管別人

□喜歡當頭

□總是抱怨別人不好

□總是一直和男生／女生玩

□常常和同學發生衝突

□總是在同儕團體外徘徊

□總是能和班上同學相處的很好，有很多的朋友

2 寶貝在學校的表現：

□不和別人說話

□無法遵守老師／教室規則

□對學校課程一點興趣都沒有

□拒絕上課

□進行團體活動時，總是默默在一旁玩自己的

□常常自言自語
□上課時做自己的事情，無法聽從老師指示
□班上同學都很喜歡他
□別人一發生不好的事情，立刻在旁邊落井下石
□別人一發生事情，立刻確認發生什麼事，並向老師告狀
□課堂中時常舉手發問，中斷課程
□做什麼事都要立刻，無法讓自己等一等

除了勾選上面的問題，理解孩子在情緒管理和目標管理（挫折容忍）方面的困擾之外，媽咪／爹地如果遇到什麼棘手的問題，需要笛飛兒老師為您解答，或期待孩子在哪一個部分可以更進步、更棒，需要笛飛兒老師給您專業的教養建議，那麼請媽咪／爹地利用空白表格，具體描述記錄一個衝突事件，再與笛飛兒聯繫。

針對相關的事件作描述，包括發生的時間、地點、家長所看到的前因後果，及家長與孩子當下所說的話，展現的情緒與狀態以及孩子的行為展現。家長觀察得愈清楚，笛飛兒老師愈能給您具體有效的建議與回應。

國家圖書館出版品預行編目（CIP）資料

親子雙贏高EQ，我家的管教好舒服：11種典型
棘手孩子的成長引導 / 笛飛兒著. -- 初版. --
臺北市：遠流, 2011.09
面；　公分（親子館；A5020）
ISBN 978-957-32-6849-9（平裝）

1.親職教育 2.子女教育 3.情緒管理

528.2　　　　　　　　　　　100016341

親子館A5020

親子雙贏高EQ，我家的管教好舒服！

11種典型棘手孩子的成長引導

作　者——笛飛兒
撰　稿——楊鈺瑩・顏鈺軒・鍾佳蓉・白慧文・莊佳陵・洪辰諭・楊惠君・蘇純怡
主　編——林淑慎
特約編輯——楊菁・趙曼如
美術設計——陳春惠

發 行 人——王榮文
出版發行——遠流出版事業股份有限公司
100臺北市南昌路二段81號6樓
郵撥／0189456-1
電話／2392-6899　傳真／2392-6658
法律顧問——董安丹律師
著作權顧問——蕭雄淋律師

□2011年9月1日 初版一刷
行政院新聞局局版臺業字第1295號
售價新台幣260元（缺頁或破損的書，請寄回更換）

ISBN 978-957-32-6849-9

YLib 遠流博識網

http://www.ylib.com　E-mail: ylib@ylib.com